Jean Pütz

mit Andreas Dripke

Wohlstand und Wirtschafts-wachstum ohne Reue

Klimarettung JA – Deindustrialisierung NEIN

Jean Pütz

mit Andreas Dripke

Wohlstand und Wirtschaftswachstum ohne Reue

Klimarettung JA – Deindustrialisierung NEIN

Diplomatic Council Publishing

1. Auflage 2023

Hinweis zu gendergerechter Sprache

In diesem Werk ist wie in allen Büchern des Verlages mit dem generischen Maskulinum wie zum Beispiel „Politiker", „Wissenschaftler", „Bürger" immer die sexusindifferente Bezeichnung gemeint, also alle (!) Geschlechter. Alle Abweichungen von dieser Regel werden sprachlich eindeutig gekennzeichnet, etwa durch Worte wie „männlich" oder „weiblich".

Auf Genderzeichen oder die Bezeichnung „(m/w/d)" wird aus Gründen der besseren Lesbarkeit völlig verzichtet.

Viele immer wieder aktuelle Informationen finden sich auch auf der vom Verlag eingerichteten Seite zum Buch: www.diplomatic-council.org/jeanpuetz

Bibliografische Informationen der Deutschen Nationalbibliothek

Die Deutsche Nationalbibliothek verzeichnet diese Publikation in der Deutschen Nationalbibliografie; detaillierte bibliografische Daten sind im Internet über http://dnb.d-nb.de abrufbar.

Printed in the Federal Republic of Germany.

Gestaltung, Cover, Satz: IMS International Media Services, Wiesbaden

Gedruckt auf säurefreiem Papier.

Hardcover ISBN: 978-3-98674-093-1

Paperback ISBN: 978-3-98674-094-8

E-Book ISBN: 978-3-98674-095-5

Inhalt

Persönlicher Prolog von Jean Pütz **7**

Vorbemerkung von Andreas Dripke **21**

Wasserstoff als Retter? **23**

Wasserstoff ist der häufigste Stoff im Universum 24
Energieaustausch zwischen Wasser- und Sauerstoff 27
Die Irrtümer der Bundesregierung beim Wasserstoff 32
Ein Fall von Heureka-Politik 37

Grünes Methanol für die Welt **41**

Ammoniak ist keine gute Alternative 42
Methanol als regenerativer Weltenergieträger 43
Vorteile von grünem Methanol 45
Wasserstoff als Voraussetzung für grünes Methanol 48
Neue Solarzellenart in der Pipeline 49
Wirtschaftlichkeit der Photovoltaik gestern und heute 51
Energie aus der Wüste 54
Grünes Methanol aus sonnenreichen Ländern 56
Das Fazit spricht für grünes Methanol 60

Grüne Energie aus der Wüste als Klimaretter? **63**

Die Wüsten sind prädestiniert 63
Eine kluge Erfindung holt Wasser aus der Luft 66

Grünes Methanol als Friedensstifter **73**

Kriege und Terrorismus im Kampf um Lagerstätten 74
Russland und China in Afrika 75

Energiesparen: das Gebot der Stunde? ... 79
Bilder aus der Wissenschaft ... 79
Sündenbock Verkehrssektor ... 81

Ein Elektroauto für jedermann? ... 83
Elon Musk hat die Welt zur E-Mobilität verführt ... 85
Batteriebetriebene E-Autos sind teuer ... 88
Verheerende soziale und ökologische Bilanz ... 91
Über eine Milliarde Bestandsfahrzeuge auf der Erde ... 92
Auch E-Fuels unentbehrlich für den Klimawandel ... 93
So funktioniert das Prinzip des Hyperhybrid-E-Autos ... 101
Nicht zu verwechseln mit parallelem Plug-in-Hybrid ... 104
Die deutsche Autoindustrie steht auf der Kippe ... 109
Generation Anti-Auto ... 111

Forderungen an die Politik ... 115
Viel Zustimmung zur „Klimarettung ohne Pardon" ... 115
Wohlstand und Bildung gegen Überbevölkerung ... 119

Weitere Bücher im DC Verlag ... 121

Über das Diplomatic Council ... 125

Stichworte und weitere Informationen ... 127
Stichwortverzeichnis ... 127
Weitere Informationen zu diesem Buch im Internet ... 134

Quellenangaben ... 135

Persönlicher Prolog von Jean Pütz

Der große Irrtum, dem die Politik, aber auch viele Klimaaktivisten unterliegen und auf dem vor allen Dingen das Pariser Abkommen beruht, besteht darin, dass sie die Abgabe von CO_2 generell überall mit allen Mitteln reduzieren wollen, koste es, was es wolle. Dieser Irrtum ist fatal, denn eigentlich bezieht sich dies nur auf CO_2, das aus fossilen Energien gewonnen wird. Man konnte sich zur Zeit des Pariser Klimaabkommens gar nicht vorstellen, dass die ganze Welt auf regenerative Energien umgestellt werden könnte.

Doch im vorliegenden Buch wird erklärt, wie es möglich ist, die gesamte Energieversorgung unseres Globus mit regenerativen Energien zu gewährleisten. Dann kommt es nicht mehr auf die Vermeidung jedes einzelnen CO_2-Moleküls an. Im Gegenteil ist die moderne Technologie in der Lage, mit der Produktion regenerativer Energie sogar gleichzeitig CO_2 aus der Atmosphäre zurückzugewinnen. Die Ideologie der Dekarbonisierung wandelt sich in das Gebot der Defossilisierung.

Das Pariser Abkommen hat damals Furore gemacht, auch, weil es für jedes Land in der Welt verbindliche Grenzwerte formuliert hat. Das war unter dem Aspekt notwendig, wenn es so weitergegangen wäre wie in der Vergangenheit: Also

„auf Teufel komm raus“ die fossilen Energien bis zur letzten Tonne aus der Erde zu holen und die Atmosphäre mit Kohlendioxid zu belasten. Kaum jemand hat daran gedacht, dass es irgendwann einmal möglich wäre, die Sonne als *den* Energielieferanten für unseren Globus zu nutzen. Diese Möglichkeiten lagen in weiter Ferne.

Ich habe damals überlegt, ob dies nicht zu pessimistisch wäre. Das hat mich veranlasst, schon vor beinahe zehn Jahren ein Konzept zu entwickeln, wie es möglich wäre, auf einen Energieträger zu setzen, der keine riesigen Investitionen in die Infrastruktur benötigt, aber in immenser Fülle regenerativ gewonnen werden kann.

Im Vordergrund dieses Optimismus stand, dass die Photovoltaik zwischenzeitlich technisch im großem Maßstab angewandt werden konnte – und das auch, nachdem Deutschland das Experiment des Grobian, das heißt der großen Windenergienutzung, erfolgreich abgeschlossen hatte, und auch die Gewinnung des elektrischen Stroms mit Windenergie technisch ausgereift war. Alle Welt setzte auf Wasserstoff, aber mir war von vornherein klar, dass dieses „kratzbürstige“ Gas zwar unentbehrlich ist, aber sich nur unter nicht-finanzierbaren Kosten weltweit verteilen und anwenden ließe. Wasserstoff ist nun einmal sehr schwer zu speichern, genau wie der elektrische Strom.

Bisher wurde fossile Energie, wenn nicht als kompakte Stein- oder Braunkohle, dann vorwiegend durch Erdöl und Erdgas gewonnen. Dafür waren alle Voraussetzungen bei der Infrastruktur vorhanden. Ich dachte mir, wenn wir einen ebenso bequemen, aber wesentlich umweltfreundlicheren Energieträger zur Verfügung hätten, der mit regenerativen Methoden aus der Sonnenenergie gewonnen würde, dann wäre eine Klimawende auch für diejenigen Länder möglich, die sich das Ganze aus Kostengründen nicht leisten konnten.

In diesem Buch werden Sie lesen, dass mein Favorit der chemisch weitgehend gefahrlose Methylalkohol ist, abgekürzt Methanol. Im Grunde genommen ist dieser der ideale Speicher für das Wasserstoffgas, und er kann sämtliche bisher im Gebrauch genutzte fossile Energieträger ersetzen.

Ich habe es nicht bei Wunschträumen gelassen, sondern alle Hebel in Bewegung gesetzt, diese Möglichkeit durch persönliche Recherchen jenseits des eingeschlagenen Weges, des sogenannten Mainstreams, zu verfolgen. Dabei bestand immer noch das Problem, dass Methanol, wenn es verbrannt oder sonst wie angewandt wird, im Abgas CO_2 erzeugt. Es kann sein, dass deshalb die Forschung auf der Welt durch das Gebot der Dekarbonisierung auf diese Möglichkeit verzichtet hat.

Umgekehrt, um aus Wasserstoff Methanol zu produzieren, benötigt man genau dieses CO_2. Anfangs glaubte ich, dieses

CO_2 könnte man durch Recycling gewinnen, indem man es aus den Abgasen herausfiltert. Die Technologie dafür ist auch vorhanden. In Indien und Amerika sind sogar CO_2-neutrale Kohlekraftwerke entstanden.

Nun kommt mir eine großartige Erfindung zugute, die mit relativ geringen Kosten hilft, dieses notwendige CO_2 der Atmosphärenluft zu entziehen. Warum das heutzutage auch wirtschaftlich ist, beschreiben wir im vorliegenden Buch.

Dies möchte ich auch den engagierten Klimaaktivisten ins Gästebuch schreiben: Ihr protestiert, stellt nur Anforderungen an den Staat, aber denkt nicht darüber nach, wie dies realisiert werden könnte. Der Staat soll alles richten. Das gilt für Fridays for Future, gar nicht zu sprechen von der Letzten Generation.

Bevor Ihr euch auf der Straße festklebt und unmögliche Forderungen stellt, die aus technischen und naturwissenschaftlichen Gründen illusorisch sind, empfehle ich, die Nebenwirkungen und Risiken einer radikalen Dekarbonisierung zu berücksichtigen. Diese zeichnen sich heute schon vehement ab durch enorme Verteuerung der Energie und den daraus resultierenden Abzug der Industrie vor allem in Deutschland mit seiner Gründlichkeit. Die Industrie wandert immer mehr ab in Länder, die großzügiger damit umgehen. Auch diese Gefahren schildern wir ausführlich im Buch.

Dabei geht es nicht nur um wirtschaftlichen Wohlstand, sondern auch um die Zukunft unserer demokratischen Verfassung.

Ich habe den von den Nazis provozierten verbrecherischen Zweiten Weltkrieg erlebt. Als der Krieg zu Ende ging, war ich zehn Jahre alt. Ich erlebte die verheerende Wirkung der Energie von Bomben, musste über Leichen klettern und blieb auch vom Hunger in der Nachkriegszeit nicht verschont. Danach kam glücklicherweise die Demokratie, an der es keine Abstriche geben darf!

Das vorliegende Buch habe ich auch deswegen initiiert, weil ich befürchte, dass die Klimakrise unsere Demokratie stark strapaziert. Wenn wir unseren Wohlstand verlieren, wird das nicht einfach nur so ablaufen, dass es uns schlechter geht, sondern es wird wie damals in der Weimarer Republik zu erheblichen politischen Verwerfungen bei uns kommen, die Gewalt nach sich ziehen wird. Damals ist diese Gewalt in staatliche Gewalt übergegangen. Die Anzeichen dafür zeichnen sich heute schon ab: Die Tendenzen zur rechtsextremen Ideologie lassen sich nicht leugnen.

Diese Worte sind mir deshalb wichtig, weil meine kritischen Argumente im Umgang mit der Klima- und Energiekrise gelegentlich von der AfD aufgegriffen worden sind; und so wurde ich des Öfteren in die rechte Ecke gestellt. Deshalb möchte ich mit diesem Buch klarstellen: Mir geht es nicht um eine generelle Kritik an unserem Staat, den ich uneingeschränkt akzeptiere. Vielmehr gilt es, den bei allen Parteien grassierenden Populismus mit beweisbaren Argumenten zu bekämpfen. Das hat in einer durch Technik und Wissenschaft geprägten Welt viel mit Wissen über naturwissenschaftliche Grundlagen zu tun. Es kann nicht sein, dass die Naturgesetze durch politische Gesetze ausgehebelt werden und mögliche Lösungen durch Unkenntnis und Political Correctness ins Leere laufen.

In meiner fast sechzigjährigen Laufbahn verwerte ich Kenntnisse, die ich als der Wahrheit verpflichteter Wissenschaftsjournalist, Fernsehredakteur, Autor und Moderator erworben habe. Außerdem absolvierte ich als Jugendlicher eine Handwerkslehre als Mechatroniker und Facharbeiter in einem schmutzigen Eisenhüttenwerk, damals ohne Umweltschutz. Danach Studium der Ingenieurwissenschaft mit Abschluss Dipl.-Ing. für Elektrotechnik, „Schmalspur-Physiker" (Oberstudienrat für Physik und Mathematik). Dem parallelen Studium der Empirischen Soziologie habe ich eine ganze Menge Freizeit gewidmet, um zu begreifen, wie ein zivilisiertes Volk einem Psychopaten und Verbrecher wie Hitler überhaupt soviel Macht übergeben konnte. Leider ist eine ähnliche Entwicklung auch heute wieder in fast allen Staaten der Welt möglich.

Diese breite Palette ermöglicht es mir, Zusammenhänge zu erkennen, und das in einer Zeit, in der das Spezialistentum auch in der Wissenschaft auf die Spitze getrieben wird, so dass vielfach der Blick auf das Ganze verloren gegangen ist.

Besonders in Bezug auf die Klimakrise kann heute der demokratisch orientierte Wähler die Politik wenig kontrollieren, weil die Schwarmintelligenz der Deutschen in Sachen Naturwissenschaft sehr gering ist. Viele Schöngeister sind sogar stolz darauf, sich mit den angeblichen Nebenfach der Naturwissenschaften und Technik *nicht* beschäftigen zu müssen. Physik oder Chemie können sogar auf dem Gymnasium abgewählt werden.

Für viele gehört Technik nicht einmal zur Kultur, obwohl sie letztendlich für unseren Wohlstand sorgt. Die Schwarmintelligenz reicht nicht aus, um „die da oben" zu kontrollieren. So ist es kein Wunder, dass der normale Bürger den Protagonisten des angeblichen Fortschritts alles abnimmt, zum Beispiel, dass ein Auto, das keinen Auspuff benötigt, die Spitze der Technik darstellt. Nach Nebenwirkungen und Risiken wird aus Unkenntnis nicht gefragt.

Das gilt analog für den Umgang mit Energie insgesamt. Beispielsweise fiel es den meisten Menschen erst auf, dass die Wärmeenergie sehr aufwändig ist, als Russland den Gashahn abgedreht hat. Vorher wollten uns so manche grüne Umweltschützer glauben machen, dass man diesen enorm CO_2-trächtigen Bereich mit regenerativem Strom bedienen könnte.

In Heureka-Manier hat man zwar zur Kenntnis genommen, dass man mit *einem* Kilowatt Strom *drei* Kilowatt Wärme produzieren könnte. So wurde der Einsatz von Wärmepumpen als „selig-machende“ Lösung in unseren Haushalten propagiert. Das politische Erdbeben beim Zustandekommen des „Wärmeschutzgesetzes“ für unsere Gebäude (Gebäudeenergiegesetz) ist ein beredtes Beispiel. Aber es beweist auch, dass ein Minimum an Intelligenz noch vorhanden ist, um die Bürger vor Unheil zu bewahren.

Das reichte für die meisten aus, um zu glauben, dass wir die Klimawende einläuten könnten, indem wir alles auf elektrischen Strom setzen. Um Sie, liebe Leserschaft, von vornherein zum Nachdenken anzuregen, hier ein Beispiel:

Sie bringen morgens mit einem Elektrokocher einen Liter Tee- oder Kaffeewasser bis zum Siedepunkt. Mit dieser elektrischen Energie könnten Sie in einem Hochhaus die Kabine eines Aufzugs mit Gegengewicht, in dem sich fünf Menschen mit leichtem Gepäck (ca. 400 Kilogramm) befinden, 100 Meter hoch transportieren, also mehr als 30 Stockwerke. Derart aufwändig ist die immer wieder vernachlässigte Wärme. Fünf Minuten, wenn es draußen friert, das Fenster geöffnet, schon ist die Wärmeenergie, die zum Kochen benötigt wurde, einfach weg.

Es scheint so, als ob der Politik heutzutage ein Halbwissen ausreicht, um ein Konzept für ganze Volkswirtschaften zu entwickeln, das angeblich der Klimarettung dient. Ich schlage vor, wir nennen dies „Heureka-Politik“, also „Hurra, ich hab’s!“.

„Heureka!“ rief der griechische Philosoph Archimedes aus, als er beim Baden ein Prinzip der Auftriebskraft entdeckte. Er soll so begeistert von seiner Entdeckung gewesen sein, dass er nackt aus der Badewanne sprang und durch die Straßen lief, während er „Heureka!“ („Ich habe es gefunden!“) rief.

Der Ausruf „Heureka“ ist zu einem populären Ausdruck für eine plötzliche Erkenntnis oder Entdeckung geworden.

Doch das reicht eben nicht aus, wie im Laufe dieses Buches noch an vielen Stellen deutlich werden wird. Diese „Heureka“-Erkenntnis hat leider auch das Denken beschränkt – so auch das Lavieren an der CO_2-Front.

Im Mittelpunkt des Buchs steht die Lösung der Klima- und Energiekrise – aber nicht in der populistischen Form, in der sie bisher angedacht wurde. Sondern nachfolgend wird eine verblüffend einfache Lösung dargestellt, die Kräfte bündelt und deshalb zu einem Erfolg führen wird. Insbesondere, weil dabei nicht nur die Verhältnisse in Deutschland zum Maßstab genommen werden, sondern wir global denken.

Was bringt es, wenn wir die komplizierten Lösungen – also die „erbarmungslose“ Dekarbonisierung –, die heutzutage durch enorme Forschungsgelder favorisiert werden, nur in Europa anwenden? Europa trägt höchstens zu zehn Prozent zum weltweiten CO_2-Aufkommen bei. Aus der Erfahrung heraus lässt sich sagen, dass sich viele andere Industrieländer einem rein deutschen Konzept verweigern. Unser Plan zur Klimarettung umfasst daher *alle* Länder dieser Welt.

Bitte betrachten Sie dieses Buch unter *diesen* Aspekten. Hoffentlich liefert es auch einen Anstoß für unsere Politik.

Obgleich ich Hunderte in Verantwortung stehende Politiker per E-Mail persönlich angeschrieben habe, hat sich bislang noch keiner mit diesen Denkansätzen beschäftigt. Zudem veröffentlichte ich diese schon mehrfach ausführlich in den sozialen Medien, zum Beispiel auf Facebook mit weit über 100.000 Followern. Die Reichweite entspricht teilweise den hohen Einschaltquoten meiner früheren Fernsehsendungen.

Soweit ich einem Politiker direkt begegnete, hat er meistens gesagt, er hätte davon keine Ahnung, aber in seiner Partei gäbe es Fachleute, die sich damit auskennen. Aber damit hatte es sich, keiner hat bislang geantwortet – außer vielen Wissenschaftlern, von denen mir die meisten zustimmten.

Im Unterschied zu weiten Teilen der Politik basiert das vorliegende Buch nicht auf Wunschdenken, sondern auf naturwissenschaftlichen und technischen Fakten. Alles ist durchrecherchiert und praktisch möglich.

Zur Klarstellung: Ich bin kein genereller Gegner der Grünen. Ganz im Gegenteil war ich einst sogar ihr Anhänger als ein Journalist, der ein Umweltmagazin im Fernsehen ins Leben gerufen hat. Es hieß „Dschungel – leben und leben lassen“. Die Grünen haben sich damals große Verdienste erworben, indem sie in Deutschland erstmals auf den Schutz von Natur und Umwelt aufmerksam machten. Doch nach und nach wurden die Grünen ideologisch.

Als sie sich einem weltweiten Klimafeldzug angeschlossen haben, machte sich die notorische Unkenntnis in Sachen Naturwissenschaften bemerkbar, die heute die grüne Politik bestimmt. Doch man kann nicht nur anhand von Wunschträumen Wolkenkuckucksheime bauen, sondern man muss die Naturgesetze beachten und global agieren. Leider haben sich auch die anderen Parteien meist diesem Denken angeschlossen.

Glücklicherweise hat sich in der Bevölkerung die Klimaproblematik herumgesprochen. Deswegen glauben die Parteien auch aus populistischen Gründen „auf Teufel komm raus" den Klimaschutz in ihren Programmen berücksichtigen zu müssen, was nicht schlecht ist. Aber wenn die falschen Maßnahmen ergriffen werden, dann bringt auch der größte Aktivismus nichts. Vielmehr sollten sie sich bemühen, eine Lösung zu finden, die unsere Volkswirtschaft nicht ruiniert.

Damit nähern wir uns dem Grund, warum wir, Andreas Dripke und ich, dieses Buch verfasst haben: um die Politik vom Irrweg des ideologisch geprägten Wunschdenkens abzubringen und auf den Pfad der Wissenschaft und der Naturgesetze zu führen.

Jetzt will ich Ihnen verraten, warum ich, Jean Pütz, für das vorliegende Buch Andreas Dripke als Co-Autor bemüht habe. Seit zehn Jahren leide ich unter einer äußerst unangenehmen

Augenkrankheit, der sogenannten „altersbedingten Makuladegeneration“, kurz AMD. Leider kann ich dadurch nicht mehr lesen und brauche Hilfe, weil ich im Grunde genommen alles diktieren muss, so auch dieses Buch. Doch wenn man das Diktierte nicht zurücklesen kann, dann stellt das ein Problem dar.

Aber das ist nicht der einzige Grund, warum ich ganz gezielt Andreas Dripke als Co-Autor ausgewählt habe. Er ist ein gestandener Wirtschaftsjournalist, der schon viele erfolgreiche Bücher veröffentlicht hat. Durch seine sorgfältigen Recherchen und als Sparring-Partner für mich hat er maßgeblich zu diesem Werk beigetragen. Es hat sich als eine Symbiose herausgestellt nach dem Motto „eins und eins ist mehr als zwei“.

Außerdem betreibe ich schon seit 16 Jahren eine eigene Homepage (https://jean-puetz.net), die auch über folgenden QR-Code zu erreichen ist:

Sie bietet einen Rückblick auf die rasante technisch-wissenschaftliche Entwicklung der letzten Jahre, und ist damit auch sehr lesenswert für alle, die sich für Technikgeschichte und Hintergründe interessieren.

Mit einer durch Künstliche Intelligenz gelenkten Suchfunktion stellt meine Homepage eine Art Wikipedia dar – allerdings mit vielen Meinungsbeiträgen auch von mir.

Im vorliegenden Buch genau wie auf meiner Homepage lege ich höchsten Wert darauf, die Sachverhalte klar verständlich darzustellen. Auf manche nur für Wissenschaftler interessante Details verzichte ich dabei, um die bessere Lesbarkeit und Verständlichkeit zu gewährleisten.

Nun wünsche ich eine erkenntnisreiche Lektüre!

Ihr Jean Pütz

Vorbemerkung von Andreas Dripke

Die Arbeit mit Jean Pütz ist einfach großartig!

Sachlich fundiert, unprätentiös und zielorientiert. Auf den Punkt gebracht: Jean Pütz hat viel und vor allem Wichtiges zu sagen!

Aus diesem Grund halte ich mich im vorliegenden Buch im Unterschied zu allen vorherigen Werken stark zurück. Ich habe es gerne mit ihm gemeinsam geschrieben und im Laufe dieser Arbeit ist eine echte Freundschaft zwischen uns entstanden.

Aber es ist ganz stark *sein* Buch, von *ihm* geprägt, *seinen* Gedankengängen folgend, *seine* Antworten auf die Energie- und Klimafrage gebend, *seine* Formulierungen wiedergebend.

In diesem Sinne wünsche ich eine spannende Lektüre!

Ihr Andreas Dripke

Wasserstoff als Retter?

Wasserstoff kann alle unsere Probleme bei der Suche nach Ersatz für fossile Energieträger lösen – so wird es häufig von Teilen der Politik dargestellt. Konsequenterweise kündigte die Bundesregierung 2023 den Aufbau einer nationalen Wasserstoffstrategie an, und ließ sich diese vom Bundestag bestätigen. Die Bekanntgabe war pompös: „Das ist ein großes wirtschaftliches Projekt.“ Es gehe darum, das „Kernnetz“ zustande zu bringen. Unternehmen sollen auf Wasserstoff setzen können, „weil sie wissen, sie werden ihn haben, wenn sie ihn brauchen“, verkündete der amtierende Bundeskanzler.[1]

Wasserstoff, natürlich mit Hilfe erneuerbarer Energien hergestellt, wurde als ein wichtiger Baustein für die Energiewende dargestellt. Darauf könnten synthetische Kraftstoffe basieren, er könnte aber auch direkt in die Leitungen eingespeist und beispielsweise verheizt werden.

Die deutsche Erdgasbranche ließ verlauten, dass das eine halbe Million Kilometer lange Leitungsnetz bis zu 100 Prozent Wasserstoff aufnehmen kann.[2] Das klang gut, doch es war weitgehend abseits der Realität, man könnte auch sagen „gelogen“.

Eine Wasserstoffversorgung Deutschlands anzustreben ist extrem kostspielig. Um das zu verstehen, genügt ein kurzer Blick ins Physikbuch.

Wasserstoff ist der häufigste Stoff im Universum

Wir bieten nachfolgend eine etwas vereinfachte Physik des Wasserstoffs. Richtig ist, dass Wasserstoff aufgrund der Entwicklung nach dem Urknall das am häufigsten vorkommende chemische Element im Universum ist. Dafür gibt es mehrere Gründe:

Kurz nach dem Urknall war das Universum heiß, und weil Wasserstoff das einfachste und leichteste Element war, entstanden zu dieser Zeit am häufigsten Wasserstoffkerne. Ein von uns als ein Vorbild verehrter Wissenschaftsjournalist, Hoimar von Ditfurth, hat das in einem wunderbaren Buch mit dem Titel „Im Anfang war der Wasserstoff" zusammengefasst.[3]

Wasserstoff als einzelnes Atom mit dem chemischen Kennzeichen H ist nicht sehr stabil. Aber er verbindet sich gerne mit seinesgleichen, was in der Formel H_2 bezeichnet wird. Dies ist das Wasserstoffgas, das wir nutzen können.

Ein bisschen Wärmelehre gefällig?

Wärme entsteht dann, wenn Atome und Moleküle sich bewegen. Die Wärmeenergie besteht aus der Summe aller einzelnen Bewegungsenergien dieser Partikel. Dieses kann man sogar unter dem Mikroskop sehen; es wurde Brown'sche Bewegung genannt, nach seinem Entdecker Robert Brown, der das im Jahr 1827 herausfand. Er wunderte sich schon damals über die geballte Unordnung, die er sah. Damit wir uns recht verstehen: Er sah nicht die Atome oder Moleküle, sondern nur große Teilchen, die daraus bestanden.

Die Bewegung der einzelnen Atome und Moleküle ist viel schneller – was natürlich nicht unter dem Mikroskop zu sehen ist. Aber es reichte, um sich den Mikrokosmos vorzustellen, wo diese Unordnung noch viel intensiver ist, in dem sich die Atome und Moleküle besonders bei leichten Elementen teilweise mit Überschallgeschwindigkeit und schneller in alle Richtungen bewegen.

Wie schon gesagt, ist Wasserstoff das leichteste Element, bewegt sich also ungeheuer schnell, und zwar so schnell, dass viele Wasserstoffmoleküle die Fluchtgeschwindigkeit der Erde, gut 11,2 Kilometer pro Sekunde bzw. 40.000 Kilometer pro Stunde, erreichten. Dies ist die gleiche Geschwindigkeit, die eine Rakete erreichen muss, um der Anziehungskraft der Erde zu entkommen und beispielsweise zum Mond oder zum Mars oder noch viel weiter in den Weltraum zu fliegen.

Genau dies passiert dem Wasserstoffmolekül; so hätte sich der gesamte Wasserstoff von der Erde verabschiedet, wenn die Chemie nicht wäre. Trotzdem haben sich beim Erstarren der damals noch glühenden Erde einige wenige Wasserstoffnester bilden können. Das heißt, es gibt auch fossilen Wasserstoff, der gefördert werden könnte – aber leider viel zu wenig.

Apropos Chemie: Glücklicherweise hat sich das Wasserstoffmolekül auf der Erde an Sauerstoff gebunden, so dass es uns erhalten geblieben ist. Es hat sich dadurch das Lebenselixier Wasser gebildet – und zwar in einer solchen Fülle, dass die Oberfläche unseres Globus immer noch zu zwei Dritteln damit bedeckt ist.

H_2O – zwei Wasserstoffatome, die an ein Sauerstoffatom gebunden sind – ist die chemische Formel für Wasser, ohne das es kein Leben auf der Erde gäbe.

Ohne Ozeane kein Regen, und ohne Regen gäbe es kein Süßwasser. Umgekehrt: Der Regen auf die Landflächen hat dafür gesorgt, dass der Ozean salzig geworden ist. Der Regen hat nämlich das Salz aus den Gesteinen herausgelöst.

Der Regen bzw. die relative Luftfeuchtigkeit wird uns noch sehr zupass kommen, denn kaum jemand weiß, dass sich in der Atmosphäre Millionen von Tonnen Wasser befinden, weil man es bei schönem Wetter nicht sieht.

Energieaustausch zwischen Wasser- und Sauerstoff

Betrachten wir nun den Energieaustausch, der sich gebildet hat, als sich Wasserstoff mit Sauerstoff zu Wasser verbunden hat. Auch das hat vor Milliarden von Jahren den Abkühlprozess der Erde verlangsamt, denn dabei entsteht eine Menge Wärmeenergie.

Es ist genau die Energie, die wir später durch die Nutzung von Wasserstoff für unsere Zwecke verwenden können. Allerdings heißt das auch, dass wir wiederum viel Energie benötigen, um Wasserstoff und Sauerstoff wieder zu trennen.

Am besten geht dies, wenn wir die Energie aus der Photovoltaik dafür verwenden. Das ist allerdings nicht so einfach. Wenn man Wasser wieder in seine molekularen Bestandteile zerlegen will, dann macht man sich die Tatsache zunutze, dass Wasserstoffmoleküle (H_2) eine negative Ladung und Sauerstoffatome (O) eine positive Ladung annehmen. Daher lässt sich beides mittels Gleichstrom trennen – diesen Vorgang nennt man Elektrolyse. An der negativen Elektrode bildet sich dabei Wasserstoffgas, während an der positiven Elektrode Sauerstoff entsteht.

Zur Kenntnis: Das liegt daran, dass der Strom auch molekulare Kräfte entwickelt; man nennt das elektromagnetische Kräfte, wodurch positiv geladene Körper von negativen mit großer Kraft angezogen werden und umgekehrt. Körper mit gleichnamiger Polung stoßen sich hingegen ab.

Diese Kräfte wirken auch im atomaren Bereich und die Chemie baut darauf auf. Wenn sich ein Molekül bildet, dann unter dem Einfluss dieser elektromagnetischen Kräfte. Manche Moleküle sind stabil, andere nicht.

Durch äußere Einflüsse wie zum Beispiel durch Strom bei der Elektrolyse lassen sie sich wieder trennen. Genau dies wird bei der Wasserstoffgewinnung ausgenutzt. Gleichzeitig heißt dies auch, dass Sauerstoff frei wird. Dieser ist auch technisch ein wichtiger Rohstoff und kann verkauft werden, so dass er die Kosten der Elektrolyse verringert.

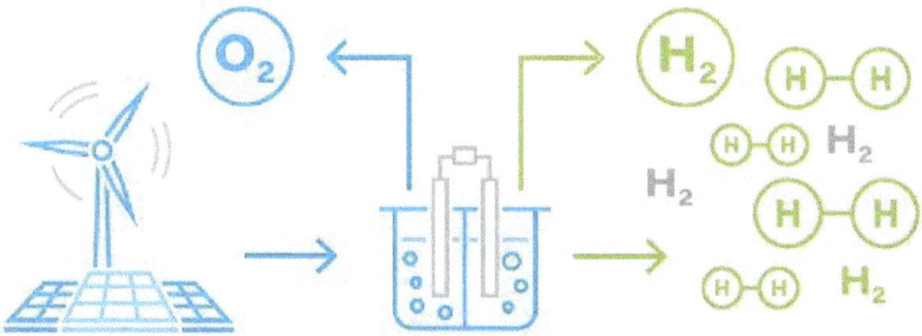

Mit Elektrolyse lässt sich Wasser in Sauerstoff und Wasserstoff trennen. Kommt der dafür notwendige elektrische Strom aus erneuerbaren Energien (zum Beispiel Photovoltaik oder Windenergie), spricht man von grünem Wasserstoff.

Bei der Elektrolyse schlagen wir also der Natur ein Schnippchen. Allerdings verlangt sie dafür einen hohen Preis. Denn wir müssen die Energie, die bei der vorherigen Wasserbildung als Wärme freigeworden ist, nun wieder hineinstecken. Um 1 Liter Wasser in Wasserstoff und Sauerstoff zu zerlegen, werden etwa 3,6 Kilowattstunden an Energie benötigt. Allerdings muss man den Wirkungsgrad der Elektrolyse berücksichtigen, der bei 60 bis 80 Prozent liegt.

Wasserstoff ist tatsächlich die einfachste Möglichkeit, die Energie der Sonne für uns nutzbar zu machen. Möglicherweise haben dies sogar viele Regierungspolitiker verstanden. Wir schlagen vor, dies generell als Heureka-Politik zu bezeichnen. Und genau da setzt unsere Kritik an.

Natürlich ist Wasserstoff der Energieträger der Zukunft, aber nur als eine *erste* Stufe, unseren Globus mit grüner

Energie zu versorgen. Dieses Buch will dazu beitragen, der gelegentlich den Naturwissenschaften gegenüber ignoranten Politik zu erklären, dass Wasserstoff einige äußerst unangenehme Eigenschaften besitzt, die einer direkten Verwendung in der Gasform technisch und wirtschaftlich im Wege stehen.

Zunächst ist die Frage, wie Wasserstoff gespeichert und dorthin transportiert werden kann, wo er benötigt wird. Es ist bekannt, dass sich Gase verflüssigen lassen. Dabei stellt sich Wasserstoff indes quer.

Es ist zwar technisch möglich, wie beispielsweise beim Erdgas (Methan), aber dafür benötigt man Verflüssigungstemperaturen von (im Gegensatz zu den Eigenschaften des Wasserstoffs „nur“) minus 160 Grad Celsius. Dabei wird die Wärmebewegung der Erdgasmoleküle derart verlangsamt, dass sie sich zu einer Flüssigkeit aneinanderfügen. Dadurch verringert sich das Volumen etwa um das Tausendfache gegenüber dem Gaszustand.

Diese Kühlung erfordert sehr viel Energie. Das gilt übrigens auch für das Frackinggas, das an den LNG-Terminals anlandet und wieder in Erdgas zurückverwandelt werden muss, um in das Erdgas-Pipelinenetz eingespeist zu werden. Aber wahrscheinlich können wir leider vorläufig nicht darauf verzichten, weil die Defossilisierung noch nicht soweit ist.

Das Foto zeigt einen Flüssiggastanker mit LNG (Liquid Natural Gas) in Transportbehältern, der in einen Hafen einläuft.

Selten wird darüber berichtet, dass durch die Verflüssigung über zehn Prozent der Erdgasenergie bereits verloren geht und damit für uns nicht nutzbar ist. Das lässt sich insofern akzeptieren, weil Erdgas dadurch über die Ozeane transportiert werden kann.

Allerdings benötigt man dafür riesige Thermobehälter. Sollte die niedrige Temperatur beim Transport nicht gehalten werden, entweicht das Erdgas – das aus Methan besteht – in die Atmosphäre und verstärkt dadurch den Klimaeffekt etwa fünfzigmal mehr als das Klimagas CO_2.

Die Irrtümer der Bundesregierung beim Wasserstoff

Bei der Wasserstoffstrategie der Bundesregierung meint die Politik, dass man mit Wasserstoff genauso umgehen könnte wie mit Erdgas. Es wird sogar behauptet, man könnte Wasserstoff ohne weiteres über das vorhandene Erdgasnetz verteilen. Das ist falsch!

Erster Irrtum

Wasserstoff ist selbst als Molekül derart winzig und daher das Gas enorm flüchtig, dass es durch kleinste Löcher oder Ritzen und insbesondere an nicht vermeidbaren Dichtungen entweichen kann. Allein deshalb stellt es eine große Gefahr dar. Nicht umsonst wird es auch „Knallgas" genannt – mit enormer Explosionskraft. Das bedeutet, dass sämtliche Leitungen neu abgedichtet oder erneuert werden müssten.

Nicht jedes Leitungsrohr ist zur Aufnahme von Wasserstoff geeignet, weil dieser chemisch äußerst aggressiv ist. Unter bestimmten Bedingungen kann Wasserstoff in Metalle eindringen, was zu einer Versprödung des Materials führt. Dies kann bewirken, dass das Metall unter mechanischer Belastung bricht.

Insbesondere Stahl mit hohem Festigkeitsniveau ist anfällig für Wasserstoffversprödung. Zudem kann Wasserstoff zur

Korrosion von Metallen beitragen, insbesondere im Zusammenspiel mit Sauerstoff.

Zweiter Irrtum

Wasserstoff kann nur verflüssigt werden, wenn er viel weiter abgekühlt wird als Erdgas, und zwar auf mindestens minus 252 Grad Celsius, also etwa 20 Grad über dem absoluten Nullpunkt, der bei 273,15 Grad Celsius liegt.

Diese sogenannte Kryotechnologie hat in der Vergangenheit große Probleme bereitet, denn einen Stoff soweit zu kühlen, bedurfte in der Historie eines enormen technischen Aufwands. Man muss bedenken: Der Kühlschrank ist erst eine Erfindung des 19. Jahrhunderts.

Dem Pionier der Kältetechnik, Carl von Linde, gelang es erstmals 1895 ein Verfahren zu entwickeln, das es ermöglichte, die Luft zu verflüssigen (bei minus 196 Grad Celsius).

Auch heute noch ist die Verflüssigung von Wasserstoff mit einem sehr großen Energieeinsatz verbunden.

Flüssigerdgas-Container (wie hier im Rotterdamer Hafen) können keineswegs für die Speicherung von Wasserstoff verwendet werden, weil dieser viel tiefer gekühlt werden muss.

Bei der Verflüssigung von Wasserstoff geht zwischen 30 und 40 Prozent der nutzbaren Energie verloren. Das bedeutet, dass bei diesem Prozess für 100 kWh Wasserstoffenergie zusätzlich 30 bis 40 kWh Energie benötigt werden. Das allein spricht gegen die Verflüssigung von Wasserstoff für den Transport.

Damit nicht genug: Der flüssige Wasserstoff muss auch dauerhaft gekühlt bleiben, damit er nicht „verkocht“ wie Wasser, das seinen Siedepunkt erreicht. Man muss sich klarmachen: Während Wasser bei plus 100 Grad Celsius verdampft, wird flüssiger Wasserstoff bei minus 252 Grad

Celsius zu Gas, das entweicht – das sind über 350 Grad Unterschied.

Wasserdampf stellt bekanntlich kein Problem dar, aber Wasserstoff sehr wohl, weil dieser extrem leicht entzündlich und hoch explosiv ist. Man stelle sich dies bei einem riesigen Transportschiff mit immensen Thermobehältern vor: Wenn die Kühlung versagt und die Wasserstoffflüssigkeit zu kochen beginnt, dann entsteht in den Behältern ein enorm hoher Druck. Dafür sind diese aber nicht konstruiert. Man kann zwar Wasserstoff gezielt ablassen, aber auch das bringt große Sicherheitsprobleme mit sich.

Zum Vergleich: 1 Kilogramm Wasserstoff entspricht der „Sprengkraft" von etwa 34 Kilogramm TNT, also umgerechnet rund 200 Handgranaten, die gleichzeitig explodieren. Ein großes Tankschiff kann derzeit bis zu 500 Tonnen flüssigen Wasserstoff transportieren. Die Folgen einer Havarie sind kaum vorstellbar.

Das bedeutet auch, dass diese Tankschiffe allein aus Sicherheitsgründen derart aufwändig konstruiert werden müssten, dass sie etwa doppelt so teuer werden wie die Schiffe für den Transport von flüssigem Erdgas (LNG). Gleiches gilt für Tanklaster auf der Straße, Eisenbahnwaggons sowie alle Installationen etwa an Tankstellen.

Eine erste Tankstelle, die in die Luft fliegt, würde die gesamte Wasserstoffstrategie der Bundesregierung torpedieren.

Dritter Irrtum

Man kann Wasserstoff zwar unter hohem Druck speichern und transportieren, aber dafür benötigt man mindestens 700 bar; angedacht sind 1.000 bar. Für das Komprimieren von Wasserstoff ist natürlich ebenfalls Energie erforderlich. Der dazu notwendige Energieaufwand beträgt zwischen fünf und 15 Prozent. Das bedeutet nicht, dass der Wasserstoff selbst bis zu 15 Prozent seiner Energie verliert, sondern dass diese Menge an zusätzlicher Energie benötigt wird, um den Wasserstoff zu komprimieren.

Und auch in diesem Fall ist das Sicherheitsrisiko aufgrund des hohen Drucks enorm. Entsprechend hoch – und teuer – sind die Sicherheitsanforderungen.

Auch das Tanken bei einem derart hohen Druck ist nicht ohne. Daher hat auch das Wasserstoffauto unseres Erachtens nur wenig Aussicht auf eine Zukunft. Die hohen notwendigen Sicherheitsstandards treiben das Preisniveau zu stark nach oben.

Ähnliches gilt für den Schiffsverkehr: Der weiterhin zunehmende Schiffsverkehr auf den Ozeanen, der mit Schweröl nicht nur die Atmosphäre vergiftet, sondern auch die Meere, lässt sich aus Sicherheitsgründen nicht auf den bisher dafür vorgesehenen Wasserstoffantrieb umstellen. Ebenso bei Flugzeugen. Wie es dennoch gelingt, den Verkehr auch auf dem Wasser und in der Luft auf regenerative Energie umzustellen, wird im Laufe dieses Buches noch deutlich werden.

Mit einer reinen Wasserstoffgaswirtschaft wären also enorme Kosten verbunden und die bereits vorhandenen Infrastrukturen ließen sich dafür nicht nutzen. Hinzu kämen erhebliche Risiken. Man denke nur an die notwendige Stabilität der Druckbehälter und an das Nachfüllen an den Tankstellen.

Ein Fall von Heureka-Politik

Das bedeutet: Die von der Bundesregierung propagierte Wasserstoffstrategie ist einmal mehr ein Fall von „Heureka-Politik".

Nur das Wissen, dass Wasserstoff unentbehrlich ist, reicht eben nicht aus. Das Weiterdenken liegt im Argen.

Jean Pütz erzählt:

Im Zug von Karlsruhe nach Köln, im Speisewagen der Schweizer Bahn, hat sich ein mir bekannter Abgeordneter der Grünen zu mir gesellt, der in einem Bundesland als Funk-

tionär für Kultur zuständig ist. Wir diskutierten auch über diese Probleme und ich fragte ihn, wie unser Wirtschaftsminister das Wasserstoffgas aus Brasilien, wo er Lieferverträge abgeschlossen hatte, nach Deutschland transportieren will. Ich machte ihn darauf aufmerksam, dass die LNG-Terminals für Erdgas dafür ungeeignet sind. Im Vertrauen teilte er mir mit, dass dies der Bundesregierung bekannt sei, aber die Wähler der Grünen würden dies verlangen.

Das ist Populismus in Reinnatur! Pfeif auf die Naturgesetze; Hauptsache nach dem Motto „was nicht sein darf, das nicht sein kann" wird Politik betrieben.

Es darf nicht sein, dass Wunschdenken bei der Gesetzgebung eine Rolle spielt, schon gar nicht die Hauptrolle. Das ist nur auf die Ignoranz vieler Abgeordneter gegenüber Wissenschaft und Technik zurückzuführen.

Oft lassen sich die Minister ihr Nichtwissen durch Berater oder Forschungsinstitute bestätigen, und zwar durch den Einsatz von sehr hohen Subventionen und Forschungsgeldern. Da nicht nur die Universitäten, sondern auch die Forschungsinstitute auf Drittmittel angewiesen sind, nehmen sie diese Gelder gerne in Anspruch und forschen bis ins letzte Detail, um anschließend im Sinne von Political Correctness zumindest die Möglichkeit der politischen Wolkenkuckucksheime zu bestätigen. Dadurch wurden viele notwendige Klimarettungs-

maßnahmen in eine Sackgasse geführt. Dieses Vorgehen beruhigt zwar die Klimaaktivisten, verfehlt aber das Ziel.“

So wird in Deutschland geforscht und geforscht, und jede nur theoretische Möglichkeit finanziert, wogegen nichts zu sagen wäre, wenn unser finanzieller Spielraum nicht enge Grenzen hätte.

Außerdem ist Deutschland nicht der Nabel der Welt. Wenn wir im vorauseilenden Gehorsam und politisch korrekt die Vorgaben der internationalen Klimakonferenzen erfüllen – viele glauben, genau das würde der Rettung des Klimas dienen –, wäre das nur ein Tropfen auf den heißen Stein. Wenn es nicht gelingt, Methoden hervorzubringen, die die ganze Welt ohne Gerede um Moral akzeptiert, dann sind alle unsere deutschen (und europäischen) Opfer umsonst.

Immerhin beeinträchtigt dies unsere Volkswirtschaft enorm, weil die anderen Länder, die die Sache nicht so streng wie Deutschland angehen, daraus erhebliche wirtschaftliche Vorteile ziehen. Das sind insbesondere die autoritär regierten Staaten wie China oder Russland, denen Menschenrechte und Demokratie völlig schnuppe sind.

Wir brauchen Methoden, die sich auch die ärmeren Staaten rund um den Globus leisten können – und zwar ohne kostspielige Ideologie. Diese tragen zwar derzeit noch wenig zum

CO_2-Aufkommen bei, aber wenn wir sie nicht an die autoritären Staaten verlieren wollen, dann müssen wir weltweit denken und unser Denken nicht auf Deutschland beschränken.

Deshalb ist die direkte Anwendung von Wasserstoffgas nicht der Weisheit letzter Schluss. Es ist tatsächlich unentbehrlich, aber nur als Vorstufe. Selbst wenn *wir* uns die dazu notwendige, sehr aufwändige Infrastrukturtechnologie leisten könnten, wären die meisten Länder dazu nicht der Lage.

Deshalb gilt es zu überlegen, wie Wasserstoff auf andere Weise eingesetzt werden kann, um seine Vorteile zu nutzen und seine Nachteile zu vermeiden. Jetzt sind wir beim Kernthema dieses Buches: grünes Methanol.

Grünes Methanol für die Welt

Stellen Sie sich vor, wir hätten einen Stoff, der nicht nur als umweltfreundlicher Kraftstoff und genereller Energieträger dient und ausschließlich aus regenerativen Energien produziert wird, und diese auch noch gefahrlos speichert und jederzeit zur Verfügung stellt.

Klingt fantastisch? Ist es auch! Dieser Stoff heißt grünes Methanol. Es sieht aus wie Wasser, ist aber tatsächlich eine chemische Verbindung aus Kohlenstoff, Wasserstoff und Sauerstoff. Die chemische Formel CH_3OH zeigt die Anzahl und Art der Atome in einem Molekül Methanol.

Wie dargelegt ist Wasserstoff ausgesprochen schwierig zu speichern und zu transportieren. Aber wir haben noch nicht darüber gesprochen, dass es eine Möglichkeit gibt, ihn chemisch unter Kontrolle zu bringen. Doch genau auf dieser Option beruht eine berechtigte Hoffnung, wie im Folgenden ausführlich dargestellt wird.

Schön wäre es, wenn vereinfacht gesagt, die Energie des Wasserstoffs in flüssiger Form verfügbar gemacht werden könnte. Dazu gibt es eine Reihe von Möglichkeiten.

Ammoniak ist keine gute Alternative

Viele Wissenschaftler schwören beispielsweise auf Ammoniak, weil es die Speicherung des Wasserstoffs durch Stickstoff ermöglicht und bei der Anwendung kein CO_2 produziert.

Aber dieser Energieträger bringt erhebliche Nachteile mit sich. Versehentlich verschüttet, ist Ammoniak extrem umweltschädlich. Die Risiken sind mannigfaltig.

Gesundheitsrisiken: Ammoniak ist ätzend und kann bei Einatmen, Verschlucken oder Hautkontakt zu schweren Gesundheitsschäden führen. Explosionsgefahr: Unter bestimmten Bedingungen kann Ammoniak explosiv sein, besonders wenn es mit anderen Chemikalien in Berührung kommt. Zudem hat Ammoniak einen starken und unangenehmen Geruch, den wir vom Urin kennen. Darüber hinausgehend kann Ammoniak bei Freisetzung in die Umwelt toxisch für Wasserorganismen wie beispielsweise Fische sein. Das ändert nichts daran, dass Ammoniak ein sehr wichtiger Rohstoff für die Industrie ist – und da sollte es auch bleiben.

Um keine Missverständnisse aufkommen zu lassen: Ammoniak hat nicht nur Nachteile. So kann Ammoniak als Treibstoff in Verbrennungsmotoren verwendet werden. Dabei zerfällt es in Stickstoff und Wasser. Das bedeutet, dass bei der Verbrennung selbst keine CO_2-Emissionen entstehen. Deswegen hatten einige grüne Ideologen dies im Blick. Dabei wird übersehen, dass vermehrt Stickoxide entstehen. Ob das für den Menschen nicht ähnlich schädlich ist wie für die Natur das CO_2, ist die Frage.

Kurzum: Letztendlich fällt Ammoniak für die Speicherung von Wasserstoff aus, auch wenn es unentbehrlich ist als Rohstoff für die Chemie.

Kommen wir zum Favoriten, der (hoffentlich) eine Karriere vor sich hat als Weltenergieträger, auf den sich alle Länder und Wissenschaftler einigen können, mit einem Minimum an Investitionskosten für die Verteilung und Anwendung:

Methanol als regenerativer Weltenergieträger

Methanol, auch Methylalkohol genannt, kann bei einer unsachgemäßen Vergärung von alkoholhaltigen Getränken wie zum Beispiel Schnaps als Nebenprodukt entstehen. In diesem Fall ist es äußerst giftig, kann zum Erblinden oder zum Tod führen. Benzin oder Diesel sind zwar genauso giftig, aber Methanol unterscheidet sich im Geschmack nicht von trinkbarem Alkohol und ist leicht verwechselbar. Man sollte ihn also vergällen, um ihn ungenießbar zu machen (genauso wie der Trinkalkohol in Form von Spiritus, wenn er als Brennmittel verwendet werden soll).

Die chemische Formel von Methanol lautet CH_3OH; Methanol besitzt also drei einzelne Wasserstoffatome, die mit minimalem Energieeinsatz mit bestimmten Katalysatoren freigesetzt werden können. Diese Möglichkeit wird auch technisch genutzt, was einen der Vorteile von Methanol darstellt.

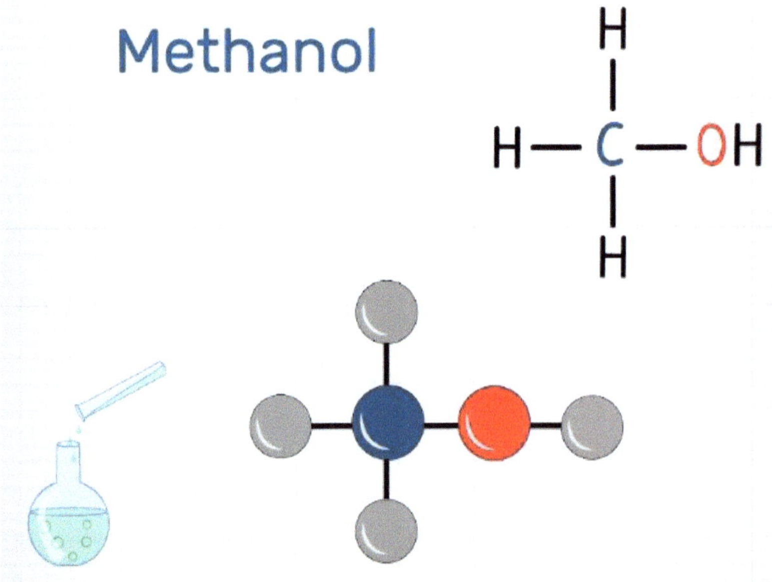

Methanol setzt sich aus einem Kohlenstoffatom (C), vier Wasserstoffatomen (H) und einem Sauerstoffatom (O) zusammen.

Dass die grünen Ideologen es sozusagen verdammen, liegt vorwiegend an dem Kohlenstoffatom in der Formel, das aber notwendig ist, um es in den flüssigen Aggregatzustand zu versetzen. Deswegen ist es kaum in der Klimadiskussion, weil es bei der Reaktion CO_2 abgibt und damit nicht in die Ideologie der Dekarbonisierung passt. Dieser Denkansatz war indes sehr kurzfristig. Denn diese Hürde lässt sich vollständig überwinden, wie auf den folgenden Seiten gezeigt wird.

Vorteile von grünem Methanol

Das ist auch gut so, weil grünes Methanol einige gravierende Vorteile aufzuweisen hat.[4]

Erstens: Es lässt sich mit Hilfe von gezielten Katalysatoren durch vorhandene Technologien aus Wasserstoff gewinnen. Der dafür notwendige Kohlenstoff wird aus dem Klimagas CO_2 bezogen.

Zweitens: Da es flüssig ist, lässt es sich überall genauso transportieren und handhaben wie Erdöl und Erdölderivate.

Drittens: Es kann sämtliche fossilen Energieträger auf einen Schlag ersetzen, also Erdöl, Kohle und Erdgas.

Viertens: Wenn nötig, kann es sofort als Treibstoff mit höchstem Wirkungsgrad in Verbrennungsmotoren eingesetzt werden, wobei es dabei keine Schadstoffe freisetzt, außer CO_2. Wenn dieses CO_2 aber vorher aus der Atmosphäre gewonnen wird, dann ist die Energiewandlung (von Wärme in Bewegung) insgesamt völlig CO_2-neutral.

Fünftens: Methanol besitzt eine hohe Klopffestigkeit. Das bedeutet, dass es bei höheren Temperaturen im Zylinder verbrannt werden kann als Diesel, der bislang als der sparsamste Treibstoff galt. Methanol bringt es, in Verbrennungsmotoren eingesetzt, auf einen um etwa 20 Prozent höheren Wirkungsgrad, wenn alle Vorteile und Möglichkeiten der Methanolverbrennung genutzt werden. Auch als Mischung mit Benzin ist es heute bereits im Einsatz. Selbst die Formel 1 verwendet es in größeren Mengen als Treibstoffmischung, um dem Hightech-Motor möglichst viel Kraft zu verleihen.

Sechstens: Methanol kann auch direkt in Brennstoffzellen eingesetzt werden. Dort ist der Wirkungsgrad vergleichbar mit dem Wasserstoff.

Siebtens, der vielleicht größte Vorteil: Mit Hilfe von gezielten Katalysatoren lassen sich die Wasserstoffatome auch ohne Verbrennung aus dem Methanol heraustrennen. Es ist daher auch ein idealer Wasserstoffspeicher.

Diese Eigenschaft veranlasste zum Beispiel das Fraunhofer Institut in Mainz zu dem Vorschlag, den gesamten Schiffsverkehr auf den Ozeanen auf Methanol aufzubauen – und zwar, indem man den Wasserstoff herauslöst, um ihn in Wasserstoffmotoren oder -turbinen für einen regenerativen und umweltfreundlichen Antrieb zu verwenden. Dadurch sind sämtliche Gefahren der Wasserstoffspeicherung etwa durch Druck oder Verflüssigung obsolet.

Achtens: Methanol ist aufgrund seines Flammpunkts nicht so leicht entzündlich wie Benzin. Allerdings sollte man auch im Umgang mit Methanol das Rauchen oder offenes Feuer vermeiden.

Neuntens: Äußerst wichtig ist zudem, dass Methanol bei unsachgemäßer Behandlung, etwa im Fall einer Havarie, nicht zu schrecklichen Umweltschäden führt wie etwa bei Öltankern, die große Ozeanflächen und Küsten verseuchen und die Lebewesen dort töten. Auch im privaten Gebrauch ist es unschädlich, wenn es beispielsweise an die Haut gerät, und es hinterlässt auf Kleidung auch keine Flecken (genauso wie Äthylalkohol zum Beispiel im Parfüm).

Zehntens: Es lässt sich in allen Transportmitteln, die in der fossilen Welt zum Einsatz kommen, transportieren. Es sind also keine weiteren Infrastrukturinvestitionen notwendig. Selbst Tankstellen müssen nicht umgerüstet werden.

Es wird im weiteren Verlauf des Buches deutlich werden, wie die Produktion von Methanol ermöglicht, das CO_2 in der Atmosphäre zu verringern, sofern diese in sonnen- und windreichen Gegenden erfolgt. Sogar in menschenleeren Wüsten sind riesige Produktionsanlagen mit Megatonnen möglich.

Diese großen Mengen sind notwendig, wenn es demnächst Erdöl und Kohle ersetzen soll.

Wasserstoff als Voraussetzung für grünes Methanol

Die Voraussetzung für grünes Methanol ist Wasserstoff. Dieser muss mit Hilfe der Elektrolyse in Gegenden produziert werden, die es ermöglichen, über Photovoltaik oder Windkraft äußerst preiswert Strom zu erzeugen. Um den Bedarf der Welt an Energie zu befriedigen, benötigt man riesige Flächen mit Tausenden von Quadratkilometern – was in ärmeren Ländern mit großen Wüstenflächen oder Böden, die für den Ackerbau ungeeignet sind, kein Problem darstellt – auch wegen des wesentlich stärkeren Sonnenanteils.

Um die hoffentlich zukünftige Basisenergie grünes Methanol konkurrenzfähig zu produzieren, darf der dafür notwendige Strom nur noch geschätzt unter einem Euro-Cent pro Kilowatt-Stunde liegen. Das ist möglich, wie Fachleute uns bestätigt haben, sofern der Preis für Solarpanele nicht ausufert. Noch günstiger kann es werden, wenn sich die neue Solartechnologie durchsetzt; sie soll preiswerter sein als die auf Silizium basierende.

Neue Solarzellenart in der Pipeline

Ein kurzer Blick auf diese Technologie: Solarzellen auf der Basis von Perowskit. Theoretisch könnte sie auch ganz ohne Silizium auskommen, aber mit Silizium kann ein Wirkungsgrad von über 35 Prozent erreicht werden.

Was ist Perowskit? Es gehört zu einer Mineralgruppe, die vielfältig zusammengesetzt ist. Wie viele Mineralien besteht es aus Kristallen, also wohlgeordneten Molekülen. Dabei nimmt es verschiedene Kristallformen an. Aber nur *eine* Kristallstruktur ist geeignet, aus der Sonne Strom zu produzieren: die sogenannte ABX_3-Struktur. So wie sie angewendet wird, findet man sie nicht in der Natur. Aber die Forschung hat erreicht, dass sie in einer extremen Dünnschicht künstlich erzeugt werden kann, die nur wenige Atomschichten, das heißt wenige Nanometer dünne Folien, umfasst. Deshalb nennt man dies auch Dünnschichttechnik.

Man kann sie auch mit bestimmten Atomen dotieren, wie das auch in der Halbleitertechnik geschieht, so dass bestimmte Farben des Lichts ein Optimum an Elektronen bewegen. Das heißt, diese kann fast das gesamte Spektrum des einfallenden Sonnenlichts nutzen, indem man bis zu drei Schichten übereinanderlegt. Theoretisch geht das auch ohne Silizium, aber da ein Problem besteht, den Strom abzuleiten, hat sich herausgestellt, dass eine dünne, allerdings wesentlich stärkere Siliziumschicht, den Wirkungsgrad erheblich erhöhen kann.

Noch ist dies in der Erprobung, aber eine Firma aus England behauptet, sie könnte 2024 große Panele liefern. Es hat sich noch nicht herausgestellt, dass sie die gleiche Dauerhaftigkeit von 25 Jahren besitzen wie Silizium, aber Experimente der Forscher mit künstlicher Alterung nähren die Hoffnung darauf. Dieses Verfahren wäre zudem wesentlich preiswerter in der Produktion als die Methode auf Siliziumbasis. Also: höherer Wirkungsgrad und preiswerter – das wäre wunderbar!

Insbesondere das Karlsruher Institut für Technologie hat eine eigene Perowskit-Abteilung; diese hat jedenfalls die Grundlagenforschung dafür geliefert. Aber auch andere Institute, insbesondere die Chinesen, sind dabei.

Um wieder einmal eine Dominanz Chinas im Welthandel zu verhindern, sollte Deutschland nicht wie üblich lange diskutieren. Hier lohnt sich wirklich eine nennenswerte Förderung durch Subventionen für die Fertigung im großen industriellen Stil, sonst nehmen uns die Chinesen wieder die Butter vom Brot, wie bei den Silizium-basierten Solarzellen.

Wirtschaftlichkeit der Photovoltaik gestern und heute

Bei dieser Entwicklung war Deutschland auch damals der Pionier. Die erste leistungsfähige Fabrik, diese zu produzieren, wurde in Freiberg in Sachsen von der Firma Solar World errichtet.[5] Die Chancen, damit Geld zu verdienen, haben schon die Chinesen vor mehr als 20 Jahren erkannt – was in Deutschland oft sehr lange dauert. Die Wissenschaft ist in Deutschland zwar vornedran, aber die Politik kommt selten so schnell nach.

China hat die ganze Photovoltaik-Sparte durch Doping, das heißt extreme staatliche Subventionen, derart forciert, dass sie den Weltmarkt völlig überflutet haben. Das lief letztendlich darauf hinaus, dass die deutschen Produzenten Pleite machten. Diese Dominanz ist auch einer ungeschickten deutschen Handelspolitik zu verdanken; zumindest Schutzzölle gegen die jedweden marktwirtschaftlichen Prinzipien widersprechenden chinesischen Subventionen hätten geholfen, dies zu verhindern. So kommen mittlerweile 70 Prozent der weltweit eingesetzten Solarpanele aus chinesischer Produktion – und sie errichten in der ganzen Welt weitere Fabriken. Die Dominanz scheint nicht mehr abwendbar.

Obgleich Deutsche die industriellen Voraussetzungen für die Anwendung der Photovoltaik geschaffen haben, war es ein leeres Versprechen, dass durch Klimarettung Tausende von neuen Arbeitsplätzen entstehen. Diese sind zwar entstanden, aber in China.

Wenn Deutschland überhaupt noch eine Chance haben soll, dann nur, wenn es auf effizientere Photovoltaik-Zellen setzt, die nicht mehr auf Silizium basieren, sondern so schnell wie möglich auf die Perowskit-Technologie einsteigt.

Wenn die Politik in der Lage ist, zehn Milliarden Euro zu spenden, um in Magdeburg eine Intel-Halbleiterfabrik bereitzustellen, dann müsste das doch auch für die im Rahmen der Klimawende so wichtige Photovoltaik gehen. Aber woher nehmen, wenn nicht stehlen? Da sind andere Länder wesentlich skrupelloser.

Die Zeit drängt. Vielleicht verbessert der höhere erzielbare Wirkungsgrad auch die Möglichkeit bei uns – also in den mittleren Breiten wie zum Beispiel in Deutschland – mit der Photovoltaik noch preiswerteren Strom zu produzieren.

Trotzdem gilt auch weiterhin: Voraussichtlich kann unsere deutsche Photovoltaik höchstens verwendet werden, um Überschüsse zu verwerten und daraus Methanol herzustellen – auch wenn das CO_2 nicht aus der Luft bezogen werden muss, sondern aus anfallendem CO_2-Recycling stammt. Denn mittlerweile ist es durch Forschung einfacher geworden, aus den

Abgasen der immer noch notwendigen Kraftwerken, die mit Erdgas befeuert werden, das CO_2 zurückzugewinnen. Gegen alle Wunschträume kann Strom nur sehr schwer gespeichert werden.

Die einzig derzeit wirtschaftliche Möglichkeit stellen Pumpspeicherwerke dar. Leider ist unsere Topografie in Deutschland dafür nicht besonders geeignet, insbesondere die zahlreichen Mittelgebirge. Selbst wenn es möglich wäre, sind diese bereits derart bevölkert, dass diese Flächennutzung auf großen Widerstand durch Bürgerinitiativen stoßen würde. In den Alpen sind Pumpspeicherwerke schon von früher her weiter verbreitet, aber leider reicht es für die Terrawattstunden, die benötigt werden, bei weitem nicht aus.

Das Wolkenkuckucksheim, dies alles mit Batterien zu realisieren, ist zwar bestechend, aber völlig unwirtschaftlich.

Daher kann uns der hoffentlich zukünftige Weltenergieträger, international gehandeltes grünes Methanol, aushelfen, zumindest auf dem sehr aufwändigen Wärmeenergiesektor.

Von Deutschland in die Welt: Entwicklungsländer – insbesondere in Afrika und Südamerika – verfügen über viele brachliegende Bodenflächen, die genutzt werden können.

Energie aus der Wüste

Das Solarenergiepotenzial der Welt bleibt bislang weitgehend ungenutzt. Es ist nur ein Bruchteil der theoretisch möglichen Solarkapazität installiert, und der Anteil der Solarenergie an der Gesamtenergieversorgung in Südostasien, Süd- und Mittelamerika, Australien und vor allen Dingen in Afrika, direkt angrenzend an unser Europa, ist immer noch relativ gering. Hier setzt unser Konzept zur Etablierung einer Methanolwirtschaft im Weltmaßstab an.

Um den jährlichen Energiebedarf der Welt von rund 600.000 Petajoules bzw. ca. 170.000 TWh (inklusive Strom, Wärme, Transport usw.) zu decken, müsste nur ein Bruchteil der Wüsten mit Solarpanels bedeckt werden. Dabei gehen wir davon aus, dass beispielsweise unter den in der Sahara vorherrschenden Sonnenbedingungen ein Quadratmeter Photovoltaik-Panel etwa 200 bis 240 kWh pro Jahr produzieren kann.

Bei anderen Wüsten ist es nicht viel weniger: Je näher am Äquator, umso mehr Sonne fällt auf die Erde.

Die intensive Sonneneinstrahlung in der Wüste bietet die beste Voraussetzung für die Stromerzeugung mit Photovoltaik.

Es gibt Wüsten fast überall auf der Welt, außer in Europa. Betrachten wir einige der Wüsten, aber nur solche, die für Photovoltaik geeignet wären (oder auch nur Teile davon):

In Afrika sind neben der Sahara als der größten Wüste der Welt die Namib-Wüste und weitere kleinere Wüsten zu nennen. In Asien sind die Syrische Wüste, die tief in den Irak reicht und die Wüsten auf der Arabischen Halbinsel sowie die Wüste Gobi zu betrachten. Auch in China gibt es große Wüstenflächen. Das gleiche gilt für ganz Australien mit der sogenannten Victoria-Wüste. In Südamerika ist die Atacama-Wüste bekannt, die von Chile bis nach Brasilien und Peru reicht. In Nordamerika ist die Chihuahua-Wüste zu nennen.

Nimmt man alle Wüsten zusammen, würde es ausreichen, nur wenige Anteile ihrer Flächen mit Solarkollektoren zu versehen, um den gesamten Energiebedarf der Welt zu decken.

Es geht natürlich nicht nur um die Wüsten, sondern auch um alle für den Ackerbau ungeeigneten Flächen und um diejenigen Flächen, bei denen der Schatten der Solarpanele sogar erwünscht ist für fortschrittliche Ackerbautechniken. Diese nehmen noch mehr Raum ein als die Wüsten.

Viele dieser Flächen liegen in Ländern, die zu den ärmsten der Welt gehören. Diese werden noch eine große Rolle in unserem Konzept spielen.

Je mehr Produzenten in den verschiedenen Ländern aktiv sind und je mehr Länder mitmachen, desto weniger werden wir von den heutigen Monopolen der fossilen Energien abhängig, die uns politisch erpressen können, wie wir es bei Russland aktuell erleben.

Grünes Methanol aus sonnenreichen Ländern

Eines ist klar: Die auf unserem Territorium regenerativ gewonnene Energie reicht bei weitem nicht aus, um unseren hohen Bedarf zu decken – trotz riesiger Windparks in der Nord- und Ostsee sowie an Land. Es stellt sich die Frage, ob gerade die Windenergie immer und überall umweltfreundlich ist. Unterdrückt wird die Wirkung auf die Fische, und selten werden die Gefahren für die Vögel erwähnt.

Daher bietet sich das grüne Methanol aus den sonnenreichen Ländern als Abhilfe geradezu an. Diese können dadurch als entscheidende Alternative auch faire Handelspartner werden bei der Produktion von grünem Methanol für den Weltmarkt. Die dabei installierten Solaranlagen ermöglichen auch „so nebenbei" die Elektrifizierung dieser Länder. Trotzdem bleibt noch genügend Stromenergie übrig, um Methanol für die ganze Welt zu produzieren.

Kritische Beobachter werden darauf hinweisen, dass es eine ähnliche Idee schon einmal gab: das gescheiterte Projekt Desertec. Doch dabei ging es um die Produktion von Strom in Afrika, der über Hochspannungsleitungen nach Europa transferiert werden sollte. Das stellte sich als technisch sehr schwierig und wirtschaftlich völlig unmöglich heraus.

Doch es ist ein völlig anderes Konzept und hat mit der hier vorgeschlagenen Gewinnung von Methanol als Weltenergieträger nichts zu tun. Flüssiges grünes Methanol lässt sich wie dargelegt auf den bisher üblichen Wegen zum Transport von fossiler Energie nach Europa bringen. Man muss Äpfel und Birnen schon auseinanderhalten – auch wenn das in einem von Ideologie und Haltung statt Wissenschaft und Fakten geprägten politischen und gesellschaftlichen Diskurs leider allzu häufig nicht gelingt.

Trotzdem: Grünes Methanol hat das Potenzial, sofern diese Idee nicht verwässert wird oder die bisherigen fossilen Produzenten nicht gegensteuern, in den nächsten 20 Jahren das zu ermöglichen, wovon heute alle träumen – nämlich das Klima zu retten – und zwar – Gerede auf den Klimakonferenzen hin oder her – ohne strikte Dekarbonisierung, die weltweit Millionen von Arbeitsplätzen und gar die für alle Länder wichtige Industrialisierung gefährdet.

Die Verwirklichung der Dekarbonisierung ist für viele Länder ohnehin nur ein Lippenbekenntnis. Um nur China zu nennen: Das Land ist im Begriff, über 250 neue Stromkraftwerke, befeuert mit Kohle, zu bauen. Sehr problematisch ist zudem, dass wieder stärker auf die Kernkraft gesetzt wird.

Wenn die regenerative Energie preiswerter wird als Erdöl, Erdgas, Kohle usw., *dann* findet die Dekarbonisierung automatisch statt, weil die Defossilisierung aus sich heraus in einer funktionierenden globalen Marktwirtschaft zur Dekarbonisierung führen wird. Diese Hoffnung ist insofern berechtigt, als dann keine Monopole mehr mit ihren eigenen Interessen im Wege stehen.

Gleichzeitig ist dies auch eine Möglichkeit zur Befriedung vieler Konflikte. Wie schon ausgeführt: Wenn dann auch die armen Länder daran auf Augenhöhe beteiligt werden, stellt dies die beste Entwicklungshilfe dar, die man sich vorstellen kann. Die bislang nicht finanzierbare Elektrifizierung dieser Länder wird dadurch möglich. Aber der Überfluss an Sonne gestattet darüber hinaus den Export des grünen Methanols an diejenigen Länder (wie Deutschland), die mit Problemen bei der Umstellung auf regenerative Energien zu kämpfen haben.

Das grüne Methanol kann zum Beispiel auch als Brennstoff für Kraftwerke mit Kraft-Wärme-Kopplung und private Heizungen eingesetzt werden. Konkret: Derzeit wissen die meisten Kommunen und Städte in Deutschland nicht, wie sie ihre Energiezentralen fit machen sollen für die Zukunft. Manche haben sogar schon Fernwärmenetze, die in Kraft-Wärme-Kopplung stehen: Aus der Abwärme der Elektrizitätserzeugung wird die nicht vermeidbare Wärme in vorhandene Fernwärmenetze gespeist. Früher wurde sie in riesigen Kühltürmen in die Atmosphäre gepustet und hat zum Klimaeffekt beigetragen. Abhilfe schafft die Kraft-Wärme-Kopplung.

Zum Teil versucht man, weitere Fernwärmenetze zu errichten im Rahmen des jetzt gerade entstandenen Gebäudeenergiegesetzes („Wärmeschutzgesetz“). Aber womit sollen diese

Kraft-Wärme-Kraftwerke beheizt werden? Leider mit den noch unentbehrlichen Erdgas, aber das ist unökologisch und hoffentlich zeitlich begrenzt – und daher bietet sich direkt das regenerative Methanol an. Auch unsere privaten Heizungen können statt Erdgas ohne große Umstellung sehr gut Methanol gebrauchen.

Sogar Wärmepumpen lassen sich in vielen Fällen effizienter mit einem Verbrennungsmotor, der mit Methanol arbeitet, betreiben als mit elektrischem Strom. Das wird manch einen vielleicht wundern, aber das ist physikalischer Fakt. Und trotzdem wurde die elektrisch betriebene Wärmepumpe so stark propagiert – mangels anderer Alternativen. Aber durch grünes Methanol haben wir diese jetzt!

Ich – Jean Pütz – habe in den 1960er Jahren an der Universität noch gelernt, dass es Unsinn ist, die energieaufwändige Wärme mit Strom zu erzeugen. Aber alle diese sinnvollen Prinzipien sind heutigen Politikern fern.

Das Fazit spricht für grünes Methanol

Halten wir fest: Eine solar-betriebene Methanolgewinnung in den Wüsten und auf den nicht nutzbaren Flächen der Welt reicht mehr als aus, um den globalen Energiebedarf der ganzen Welt zu bedienen – selbst bei einer Verdoppelung oder

Verdreifachung dieses Bedarfs durch Wirtschaftswachstum in den nächsten Jahren oder Jahrzehnten.

Um den wachsenden Energiebedarf der Welt zu decken, benötigen wir mehr grünes Methanol als Kohle, Erdöl und Erdgas zusammen. Diese großen Mengen an Methanol lassen sich ohne nennenswerte Schwierigkeiten oder ausufernde Mehrkosten rund um den Globus dorthin transportieren, wo sie gebraucht werden.

Der Markt der regenerativen Energien wird besser und gerechter funktionieren als jemals zuvor der Markt der fossilen Energien, also besser als der Erdölbarrelpreis über die Börsen. Über die geringen Risiken beim Transport und bei der Anwendung wurde in diesem Buch schon ausführlich geschrieben, auch bei der privaten Verwendung, weil Methanol weniger leicht entzündlich ist.

Wenn wir *jetzt* mit der von uns propagierten Methanolwirtschaft anfangen und keine Zeit durch Spitzfindigkeiten oder Eigeninteressen aller Art verlieren, haben wir keine Probleme, die Ziele der Energieumstellung ab 2040 ohne Anstrengung und Opfer zu erreichen.

Kommen wir im nächsten Kapitel zu dem Beweis, wie es möglich wird, grünes Methanol in der Wüste zu gewinnen.

Grüne Energie aus der Wüste als Klimaretter?

Auf den ersten Blick ist dies ein Paradoxon. Um Wasserstoff zu produzieren, benötigt man Wasser – und kein Gebiet ist trockener als die Wüste. Woher soll man dort also Wasser beziehen? Lassen Sie uns dieses Geheimnis lüften.

Die Wüsten sind prädestiniert

Grundsätzlich sind die Wüsten deshalb ganz besonders prädestiniert, weil sie überwiegend menschenleer und für Landwirtschaft nicht geeignet sind. Sie stehen damit auch nicht im Wettbewerb zu der wichtigen weltweiten Nahrungsmittelproduktion.

Eines ist klar: Für die Umstellung zur regenerativen Energie benötigt man Flächen mit Millionen von Quadratkilometern. Nun liegen ausgerechnet diese Gebiete in den ärmeren Ländern der Welt. Es dreht sich also um die Frage, wie wir in diesen wasserarmen sogenannten Dritte-Welt-Ländern mit Hilfe der dort üppig vorhandenen Solarenergie grünes Methanol erzeugen können.

Dabei geht es zunächst einmal um Wasser, und zwar chemisch reines Wasser, um daraus mit dem physikalischen Verfahren der Elektrolyse Wasserstoff zu gewinnen – und dieses Wasser befindet sich sogar in der Wüste.

Kaum jemand denkt darüber nach, dass sich selbst in den trockensten Wüsten Wasser in Hülle und Fülle befindet – und zwar in der darüber befindlichen Luft. Diese enthält Milliarden von Litern an Feuchtigkeit, im Wetterbericht ausgedrückt durch die relative Luftfeuchtigkeit. Dies ist allerdings unsichtbar und hängt von der Außentemperatur und vom Luftdruck ab. Bei einem Tiefdruck kann die Luft wenig Wasser speichern, umso mehr bei Hochdruck.

Bei mehr als 100 Prozent vermag die Luft die Feuchtigkeit nicht mehr zu speichern; dann bilden sich – abhängig auch von der Höhe – Wolken. Unter weiteren Umständen sammelt sich die Feuchtigkeit in Tropfen; diese sind der Schwerkraft der Erde unterworfen und fallen, wenn sie sich ausreichend angesammelt haben, als Regen auf die Erde. Wenn viel Staub in der Luft ist, dann geschieht das früher, denn um diese Staubkörner bilden sich dann Wasseransammlungen als mehr oder weniger große Tropfen. Früher gab es sogenannte „Regenmacher", die mit ihren Flugzeugen Jodkristalle verstreut haben und damit Regen initiierten. Egal, ob das heute noch üblich ist, so ist es auf jeden Fall ökologisch schädlich.

Die Abhängigkeit des Wassergehalts in der Luft hängt übrigens auch sehr stark von der Temperatur ab, wie folgende Rechnung verdeutlicht: Bei 30 Grad Celsius kann die Luft bei 10 Prozent Luftfeuchtigkeit 30 Gramm Wasser pro Kubikmeter aufnehmen, bei 10 Grad nur noch 9 Gramm. Wenn sich die Luft also von 30 auf 10 Grad abkühlt, dann werden immerhin 21 Gramm Wasser freigesetzt. Diese Abkühlung von 30 auf 10 Grad kann über Nacht leicht erfolgen. Morgens macht sich dies auch in der Wüste als Tau bemerkbar.

Dort nutzt der schwarze Käfer, der bereits in den Abendstunden über den heißen Sand läuft, dieses Phänomen aus. Ein schwarzer Körper strahlt mehr Energie ab als gelber Sand, das heißt, er kühlt an der Oberfläche ab. Dann schlägt sich dies als Wasser auf seinem Panzer nieder und er befriedigt damit seinen Flüssigkeitsbedarf. Ähnliches machen sich viele Tiere und Pflanzen in der Wüste zunutze. Da wir wissen, dass Wasser das Lebenselixier ist, kann man mit Fug und Recht behaupten: Die Wüste lebt.

Genau dieses Phänomen kann ausgenutzt werden, um ausreichend Wasser für die Produktion von nötigenfalls Millionen Tonnen von Wasserstoff zur Verfügung zu haben. Aber was hier so leicht gesagt wird, ist nicht so einfach realisiert, denn dafür müssen ebenfalls noch mehr Millionen Tonnen von Luft bewegt werden.

Wie ist das zu bewältigen und wie lässt sich daraus Wasser entziehen?

Eine kluge Erfindung holt Wasser aus der Luft

Eine kluge Erfindung macht es möglich: Große Luftmengen werden durch ein Luftansaugsystem, das wenig Energie benötigt, in ein System mit Natronlauge geführt, die in der Lage ist, das Wasser zu binden. Die Lauge wird dabei nicht verbraucht, sondern in einem weiten Kreislaufprozess unter unterschiedlichen Temperaturen geführt. Dabei wird das Wasser freigesetzt; es ist dadurch chemisch rein, also destilliertes Wasser, das für die spätere Elektrolyse unentbehrlich ist. Anderes Wasser etwa aus Flüssen oder dem Meer müsste noch aufwändig chemisch gereinigt und entsalzt werden.

Doch damit nicht genug: In der Luft, befindet sich auch CO_2 (aktuell 424 ppm, parts per million), das sind 0,042 Prozent. Dieses CO_2 kommt mit der Natronlauge in Kontakt und wird dabei chemisch gebunden; es wird dann mit dem destillierten Wasser wieder herausgewonnen. Dieses Wasser ist als Rohstoff unbedingt notwendig, um aus Wasserstoff und CO_2 Methanol zu produzieren; und dieser geringe Prozentsatz reicht dabei völlig aus.

Es wird bei diesem Prozess nicht alles gebraucht, sondern es bleibt sogar einiges übrig, aus dem der wichtige Rohstoff

Kohlenstoff gewonnen wird. Deshalb kann man mit Fug und Recht behaupten, bei dieser Art von Methanolproduktion wird gleichzeitig auch der CO_2-Gehalt der Atmosphäre reduziert – insgesamt also zwei Fliegen mit einer Klappe. Das ist das Ei des Kolumbus. Ökologischer geht's nimmer!

Es können also mitten in der Wüste riesige Fabriken für die dringend notwendigen regenerativen Energieträger errichtet werden. Sie brauchen keinerlei Materialzufuhr von außen und sind also völlig autark.

Der Grund und Boden ist genauso für die Photovoltaik-Flächen praktisch umsonst, weil diese wasserarmen Gegenden sowieso nicht für Wohngebiete oder für Landwirtschaft geeignet sind. Heraus kommt nur der Energieträger flüssiges Methanol in Form von gespeichertem grünem Wasserstoff, der leicht wegtransportiert und mit aus der fossilen Welt vorhandenen Transportmitteln weltweit verteilt werden kann.

Gleichzeitig können die Länder, in denen dies möglich ist, damit auch ihre gesamte Elektrizitätsversorgung mit dem billigen Photovoltaikstrom organisieren. Das ist doch die Quadratur des Kreises.

Auf der nächsten Seite ist eine solche Fabrik als Modell abgebildet.

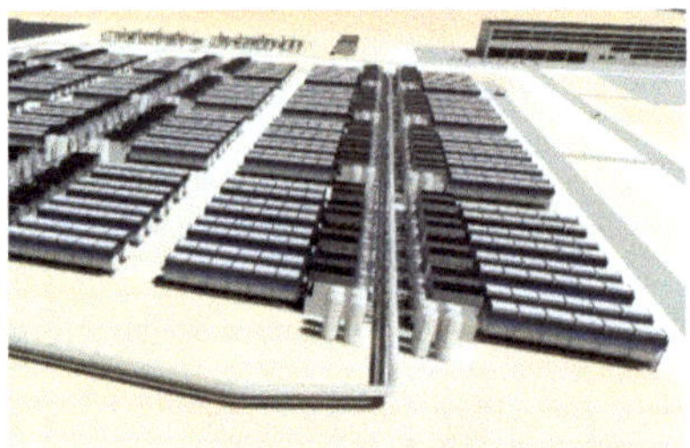

So kann eine Methanolproduktion im Sonnengürtel der Erde aussehen. Die Fabrik braucht keine Materialzufuhr von außen, kann also autark arbeiten.

Der erzeugte Energieträger flüssiges Methanol kann mit den aus der fossilen Welt reichlich vorhandenen Transportmitteln weltweit verteilt werden.

Wie ausführlich erklärt, steht das Wasser, um in der Wüste Wasserstoff zu produzieren, vor Ort zur Verfügung.

Noch zu erwähnen ist, dass bei der chemischen Trennung von Wasser nicht nur Wasserstoff entsteht, sondern auch Sauerstoff. Riesige Mengen von Sauerstoff sind ein wichtiger Rohstoff für die Industrie. Zum Beispiel könnte damit die Eisen- und Stahlproduktion leicht auf regenerative Methoden umgestellt werden. Der Erlös für den Sauerstoff verbilligt das gesamte System. Das Argument, dass es demnächst notwendig sei, das Kohlendioxid sogar der Atmosphäre zu entziehen, wird hiermit auch technisch und wirtschaftlich möglich; und bedarf dann auch keiner staatlichen Subventionen.

Schauen wir nochmal in den Kern der Methanolproduktion hinein, und zwar, wie es möglich wird, aus den beiden Gasen Wasserstoff und Kohlendioxid flüssiges Methanol zu erzeugen. Theoretisch wäre das nämlich nicht so einfach möglich. Und trotzdem beruht das nicht nur auf Wunschdenken. Es gibt nämlich eine immer wichtigere Sparte der Chemie, die vor einigen Jahren sogar mit dem Nobelpreis ausgezeichnet wurde, und sich ausschließlich den sogenannten Katalysatoren oder Enzymen widmet.

Der Begriff Katalysator ist bekannt vom Pkw, wo er die Abgase des Motors neutralisiert, indem er die Stickoxide umwandelt in ihre Bestandteile Stickstoff und Sauerstoff, und das Abgas dadurch gesundheitlich unschädlich macht.

Grundsätzlich erlauben Katalysatoren chemische Prozesse, die ansonsten wegen eines viel zu hohen Energiebedarfs viel zu lange dauern würden bzw. nicht möglich wären. Genau das geschieht auch bei der Methanolproduktion. Als Katalysator kommt dabei beispielsweise Kupfer auf Zinkoxid in Frage. Er wird oft mit weiteren Komponenten wie Aluminiumoxid oder anderen Metallen modifiziert, um die Katalysatorstabilität und -aktivität zu erhöhen. Ebenfalls zum Einsatz kommen kann ein Katalysator basierend auf Palladium auf Zinkoxid. Die Forschungen dazu wurden beispielsweise vom Leibniz-Institut in Rostock intensiv vorangetrieben. Sogar das berühmte MIT in Boston (USA) hat sich schon mit der optimalen Anordnung der Träger der Katalysatoren beschäftigt. Zur Klarstellung: All dies ist Stand der Technik und muss nicht mehr neu erfunden werden.

Nebenbei: Auch wir als Menschen sind in unserem Lebensprozess auf Katalysatoren angewiesen – man nennt sie bei uns Enzyme. Ein ganz wichtiges Enzym wird beispielsweise in der Bauchspeicheldrüse produziert, das dafür sorgt, dass wir unsere Nahrungsmittel in den Zellen unseres menschlichen Körpers verwerten können. Fehlt etwa dieses Enzym, entsteht die unangenehme Zuckerkrankheit.

Dem grünen Methanol steht also nichts im Wege, neben dem grünen Strom zum entscheidenden, weltweit akzeptierten

Energieträger zu werden. Die Patente für diese Methode der Wasser- und CO_2-Gewinnung aus der Atmosphärenluft hat dieselbe Firma entwickelt, die das sparsame Hyperhybrid-Elektroauto mit mittlerweile zehn Prototypen gebaut hat, das an anderer Stelle in diesem Buch vorgestellt wird.

Im kleinem Maßstab funktioniert das alles. Aber es sind Millionen an Forschungsgeldern notwendig, um es im großindustriellen Maßstab umzusetzen. Man kann es kaum glauben: Obwohl Milliarden in die Förderung des batterieschweren Elektroautos investiert wurden, ist die Politik jedenfalls derzeit noch nicht bereit, zumindest eine Anstoßfinanzierung zu leisten.

In Europa gibt es eine Bank, die speziell für solche Aufgaben gegründet wurde, die Europäische Investitionsbank. Im Gespräch mit den dortigen Entscheidungsträgern wurde immerhin eine Prüfung durch Fachleute zugesagt. Da sie solche Ideen auch weltweit fördern, wäre das eine Aufgabe, die der Forschung wert ist.

Grünes Methanol als Friedensstifter

Die fossile Energie hat in den Industriestaaten dafür gesorgt, dass die mannigfaltigen Wirtschaftszweige mit unzähligen Arbeitsplätzen geschaffen wurden. Mit ernsthaften politischen Willen lässt sich dieser Wohlstand auch auf diejenigen Länder übertragen, die heute häufig als Dritte Welt bezeichnet werden. Das war bisher ein Traum, um den man sich nicht bemüht hat. Eine blendende Idee – die Gewinnung regenerativer Energien in den ärmeren Ländern – bringt uns der Realisierung dieses Traums näher.

Selbst wenn die Klimarettung nicht notwendig wäre, ist es aus politischen Gründen immer noch erforderlich, den weiter steigenden Energiebedarf auf regenerative Energie umzustellen. Wieviel Elend und Kriege hat der Kampf um die Lagerstätten von Erdöl, Kohle usw. hervorgebracht? Wie gut wäre es, wenn dies durch einen regenerativen Energieträger beseitigt werden könnte? Diese Chance besteht, wenn es möglich wird, in allen Teilen und Ländern der Erde, also selbst in Wüsten, regenerative Energie zu produzieren.

Das Konzept der Herstellung grünen Methanols in Afrika würde das Potenzial eines enormen wirtschaftlichen Schubs unter anderem für diesen Problemkontinent in sich bergen.

Statt mit politischer Motivation lächerliche Entwicklungshilfezahlungen (2021 waren das beispielsweise lediglich 0,8 Prozent des deutschen Bruttosozialprodukts) zu leisten, könnte Europa mit grünem Methanol im Weltmaßstab Afrika zur Aufnahme in die Riege der wirtschaftlich starken Kontinente verhelfen. Es reicht eben nicht, Brunnen zu bohren oder technische Hilfe zu leisten, sondern diese Länder brauchen Arbeitsplätze und nochmals Arbeitsplätze. Genau das macht die Produktion von regenerativem Methanol möglich, wie an anderer Stelle in diesem Buch genauer beschrieben wird, auch aus nationalem Eigennutz.

Kriege und Terrorismus im Kampf um Lagerstätten

Im Kampf um die Lagerstätten fossiler Energieträger kam es immer wieder zu Kriegen und Terrorismus.

Dabei wird häufig die Südsahara als Herd des Terrorismus genannt. Aber wenn Eltern nicht wissen, wie sie ihre Kinder vor dem Hungertod bewahren sollen, dann nährt das natürlich den Terrorismus. Das heißt: Die Terrororganisationen haben viel Geld – wer weiß, woher? Wenigstens der Familienvater bekommt besten Lohn, wenn er sich den skrupellosen Brigaden anschließt. Es ist nachvollziehbar, wenn er sich dann dafür entscheidet. Die Moral steht dabei hinten an; Geld regiert die Welt.

Abbau des fossilen Energieträgers Kohle im Tagebau in Südafrika

Ein wirtschaftlich erstarkendes Afrika würde also auch der Bekämpfung des internationalen Terrorismus dienen – von Kriegen ganz zu schweigen.

Russland und China in Afrika

Russland und China kämpfen in Afrika für ihre Interessen – im Gegensatz zu unserer Feigenblatt-Entwicklungshilfe.

Zu erwähnen sind insbesondere die Versuche Russlands, in Afrika Fuß zu fassen. Russland schickt dazu die brutalen Wagner-Truppen nach Mali, und hat damit die europäischen Friedensbemühungen vertrieben. In der Südsahara, Mali, Bukina Faso und Niger wurde das heimische Militär mit

Erfolg dazu animiert, dort zu putschen, um die Demokratie abzuschaffen; Europa und Deutschland ziehen sich zurück.

Langfristig noch bedeutender sind sogenannte friedensbildende Maßnahmen durch China. China hat sich riesige Ländereien gesichert und investiert vor allen Dingen in die Infrastruktur, sowohl bei der Elektrifizierung als auch beim Verkehrswesen, etwa mit Tausenden von Kilometern Eisenbahntrassen. Allerdings – und das ist ein Problem – nicht mit einheimischen Arbeitern, sondern mit eigenen, ungeheuer fleißigen chinesischen Arbeitskräften, die auf Arbeitszeitbegrenzungen keinen Wert legen.

Das ist keine Entwicklungshilfe, weil diese Länder dadurch in eine starke Abhängigkeit von China geraten. Denn China verschenkt diese Gelder nicht (im Unterschied zur europäischen Entwicklungspolitik), sondern die Länder verschulden sich dadurch bei China in einem hohen Maße.

Teilweise versucht China damit, sich Rohstoffe zu sichern. Auch das ist ein Problem, bei dem der kapitalistische Westen versagt hat. Internationale Konzerne haben sich teilweise durch viel Korruption Abbaugebiete gesichert. Die Rohstoffe werden allerdings nicht in den Ländern vor Ort verarbeitet – das ist bei China nicht anders –, sondern aus dem Land transportiert und im Westen der Verarbeitung zugeführt. Dort, im Westen, schaffen sie Arbeitsplätze, aber nicht in den afrikanischen Ländern, wo sie viel notwendiger wären, um die Armut zu bekämpfen.

Nehmen wir beispielsweise den Kobalt-Abbau für die Batterien unserer Elektroautos im Kongo, wo sogar Kinder schuften müssen. Ob China dies in Zukunft uneigennütziger angeht, ist die Frage. Einen Vorteil haben diese Länder immerhin von dieser Entwicklung: Auch im aufkommenden regenerativen Energiesektor belebt Konkurrenz die Wirtschaft und schafft marktwirtschaftlich Preise, die bezahlbar sind.

Eines hat China schon erreicht: Es bietet sich als Alternative an und hat damit die afrikanischen Länder viel selbstbewusster gemacht. So wurde die Afrikanische Union in die G20 aufgenommen. Das ist eigentlich erfreulich, aber leider bilden dort viele afrikanische Länder zusammen mit den autoritären Staaten einen Block gegen die freien Demokratien.

China ist über Afrika hinaus weltweit tätig und weiß, wo man den Hebel ansetzen muss. Dazu gehören die Bemühungen, die historische Seidenstraße wieder zu aktivieren, und zwar bis nach Europa. In den europäischen Ländern gelingt es ihnen dabei auch, durch industrielle Beteiligungen und den Aufkauf strategisch wichtiger Technologiefirmen ihren Einfluss zu stärken. So sind in Italien und Griechenland beispielsweise bereits etliche Häfen in chinesischer Hand. Sogar im Hamburger Hafen und in Duisburg, dem größten Binnenhafen Europas, hat sich China eingekauft.

Bei dieser Entwicklung spielen die, mit Verlaub gesagt, primitiven Bemühungen der Europäer mit ihrer Entwicklungshilfe und dem kurzfristigen Denken eine unrühmliche Rolle.

Mit dem vorliegenden Buch wird die „Hilfe zur Selbsthilfe" in Afrika und damit der Weg zu mehr Frieden auf der Welt unterstützt. Die afrikanischen Länder können als Produzenten regenerativer Energien wie grünem Methanol auf Augenhöhe mit den Industrieländern konkurrieren. Denn da, wo Energie vorliegt, entstehen auch unzählige Arbeitsplätze. Ohne Industrialisierung kein Wohlstand und kein Frieden!

Energiesparen: das Gebot der Stunde?

Zur Klimawende gehört auch, dass wir für einige Sektoren prüfen, ob die Energieverschwendung notwendig ist. Wir lassen den Industriesektor außer Acht, weil sich die Unternehmen durch den hohen Anteil der Energiekosten sowieso darum bemühen, möglichst rationell zu wirtschaften. Da lässt sich sicherlich zwar noch manches machen, aber das liegt außerhalb unserer Kompetenz.

Ein anderes Thema ist, dass die Industrie auch Gebäude braucht. Das gilt auch für den Staat mit seiner ausufernden Bürokratie und vor allen Dingen für uns, die Bürger als Privatpersonen.

Bilder aus der Wissenschaft

Diesem Thema habe ich – Jean Pütz – schon 1990 zwei ausführliche Sendungen gewidmet in dem Flaggschiff der Wissenschaft der ARD, „Bilder aus der Wissenschaft", und zwar, in dem ich mir den Energieverbrauch der Gebäude angeschaut habe. Weil dort die Energieverschwendung auf die Spitze getrieben wurde, habe ich unter dem Titel „Der Sonne eine Chance" darauf hingewiesen, dass dieses dazu führt, dass *unglaublich viel CO_2 in die Atmosphäre abgegeben wurde. Ich demonstrierte das übrigens mit großen Ballonen im Studio.*

Dieses Thema habe ich damals deswegen ausgewählt, weil seinerzeit 40 Prozent des CO_2-Ausstoßes aus diesem Bereich stammten. Dass es wesentlich sparsamer gehen würde, habe ich ebenfalls mit vielen Hinweisen auf Technologie und praktisches Verhalten belegt. Immerhin errechnete ich damals eine mögliche CO_2-Ersparnis von fast 90 Prozent.

Die Beiträge aus dem Jahr 1990, also vor 33 Jahren, finden sich hier: https://www.youtube.com/watch?v=zH1bwAqBuQU

Die Sendung fand damals im ersten Programm großen Anklang in der Bevölkerung mit hoher Einschaltquote. Wenn seinerzeit die Politik auch nur einen Blick darauf geworfen hätte, wäre die Einhaltung der in Paris geforderten Grenzwerte für CO_2 jedenfalls in Deutschland kein Problem.

Denn heute haben die Gebäude immer noch mindestens 35 Prozent Anteil am CO_2-Ausstoß. Man hätte sich auch die lächerlichen Bemühungen, als das Erdgas knapp wurde, erspart. Es wäre zudem unnötig gewesen, ein ausführliches

Gebäudeenergiegesetz (GEG) zu verabschieden, das zwar im Parlament abgezeichnet wurde, aber dem Renommee der Regierung großen Abbruch getan hat.

Die Schuld kann man nicht nur der regierenden Ampelkoalition geben. Es gab auch vorangegangene Regierungen in anderen Koalitionen, die sich der Vernunft verweigert hatten. Vielleicht war das auch schon damals der Bevölkerung sehr schwierig klarzumachen.

Sündenbock Verkehrssektor

Deswegen fand man einen neuen Sündenbock: den Verkehrssektor, obwohl – wenn man alles zusammenzählt, also auch den Gütertransport über Straße, Wasser und Luft – der Anteil des Verkehrs am CO_2-Ausstoß insgesamt 20 Prozent beträgt (gegenüber 35 Prozent bei Gebäuden). Noch weniger verursachen unsere privaten Autos; man rechnet ca. sechs bis acht Prozent Anteil. Um Aktivität zu beweisen, ist man auf „Fake News“ hereingefallen. Gemäß dem Glauben, man könnte alle Energieprobleme mit Hilfe des elektrischen Stroms lösen, hat Elon Musk der Welt weiß gemacht, auch der Verkehr sei dringend auf die Elektrifizierung angewiesen.

Dabei hat er insofern nicht ganz unrecht; ja, man kann mit Hilfe des Stroms den Energieverbrauch der Mobilität enorm verringern. Jeder Mensch stimmt ihm zu, wenn er darauf hinweist, dass ein elektrisch angetriebenes Auto keinen Auspuff braucht.

Die Tatsache, dass Elektroautos keinen Auspuff haben, verführt zu der falschen Annahme, dass sie daher „sauber" seien.

Die Abgase waren vor allem in den kalifornischen Städten, in denen er lange Zeit lebte, ein großes Problem – genauso wie in China, wo man in den Mammutstädten beim ausgestreckten Arm seine Hand nicht mehr sehen konnte. Doch wir stellen in Frage, ob das – ein extrem batterieschweres E-Auto nach seinem Gusto, also Typ Tesla – auch für das in Sachen Umweltschutz vorbildliche Deutschland bzw. Europa Sinn macht.

Ein Elektroauto für jedermann?

E-Autos sollen das Klima retten – das ist das Credo, das kaum hinterfragt wird. Es wird viel Werbung für diese Gefährte gemacht, ganz im Einklang mit der Heureka-Politik der meisten Regierungen in den Industriestaaten. Leider sind aufgrund der permanenten Berieselung und immenser Subventionen auch viele Bürger davon überzeugt, vor allen Dingen, weil hinten an den Wagen kein Abgas rauskommt. Deshalb ist es schwierig, mit vernunftbezogenen Argumenten diesem Irrglauben zu widersprechen. Trotzdem versuchen wir das im Folgenden ausführlich unter die Lupe zu nehmen.

Die Ökobilanz der E-Wagen sieht in Wahrheit verheerend aus. So entstehen bei der Herstellung einer Batterie für Tesla und vergleichbare Marken pro Kilowattstunde Speicherkapazität zwischen 150 und 200 Kilogramm Kohlenstoffdioxid. Aber eine solche Batterie hat nicht etwa eine kWh, sondern 75 bis 100 kWh, um einigermaßen Reichweite zu erhalten. Der Wert von 150 bis 200 muss also mit 75 bzw. 100 multipliziert werden. Das heißt, eine Batterie verursacht in der Herstellung allein mindestens 11 Tonnen CO_2. Hinzu kommen die Probleme bei der Beschaffung der Rohstoffe. Und wieder einmal ist China jedenfalls bisher noch der Marktführer, was sich im Preis des Autos mit mindestens 40 Prozent niederschlägt.

Würde das Auto nur mit Ökostrom geladen, dann wäre das schön. Aber das gilt bestenfalls für Hauseigentümer, die eine eigene Photovoltaik-Anlage besitzen. Der Strom aus der Steckdose bzw. aus dem Netz enthält häufig einen Mix mit einem niedrigeren regenerativen Anteil.

Damit sich die Umweltbilanz auch nur ausgleicht, müsste das E-Auto mindestens acht Jahre in Betrieb sein. Nach dieser Zeit hat die Batterie allerdings längst erheblich an Kapazität eingebüßt, nämlich zwischen 20 und 30 Prozent; entsprechend geringer ist auch die Reichweite des Wagens. Das ist ein erhebliches Handikap, das nicht unbedingt für das E-Auto spricht. Aber wir wollen auf keinen Fall die E-Mobilität verdammen, sondern nur Objektivität in die Diskussion bringen.

Fakt ist, dass derjenige, der ein E-Auto kauft, sich nicht das Etikett „Klimaschützer“ anheften kann. Viele tun das, und nehmen dann die erheblichen Nachteile der kurzen Reichweite und der langen Ladezeiten zum Beispiel an Autobahnstationen in Kauf.

Zu viele Schnellladungen schaden der Batterie und verkürzen ihre Lebensdauer. Dies ist die Hauptursache für die

Zurückhaltung der Deutschen gegenüber dem Elektroauto – und nicht das, was immer wieder hervorgekramt wird, die geringe Anzahl der Ladesäulen im öffentlichen Raum.

Es wird oft mit großem Trara begründet, dass zum Beispiel im Jahr 2022 in Deutschland ein Anstieg der Elektroautokäufe von 22 Prozent zu verzeichnen war. Aber das heißt gar nichts, weil im vorangegangenen Jahr und davor nur wenige E-Autos in den Verkehr gebracht wurden.

Wie unpraktisch sie sind, zeigt sich daran, dass viele Käufer ihr E-Auto schon wieder gewinnbringend verkauft haben, hauptsächlich nach Norwegen. Eines der Anzeichen besteht auch darin, dass ein Boom entstanden ist beim Verkauf der Verbrennerkarrosen für den Fall, dass es künftig keine Benzin- oder Dieselautos mehr geben darf.

Elon Musk hat die Welt zur E-Mobilität verführt

Blicken wir kurz zurück: Die vermeintliche Vorreiterrolle der E-Mobilität haben wir vor allem einer Person zu „verdanken" – dem schon erwähnten amerikanischen Unternehmer Elon Musk. Mit den Dollars, die er für die Veräußerung von PayPal erzielte, hat er damals das defizitäre Unternehmen Tesla gekauft. Diese kalifornische Firma war die erste, die das angeblich geniale Elektroauto herstellte.

Als Paradiesvogel gelang es Elon Musk, Tesla nach allen Regeln der PR ins Bewusstsein der Öffentlichkeit zu hämmern, so dass er diese Firma zu einem beachtlichen Erfolg brachte. Tesla ist mittlerweile an der Börse mehr wert als Volkswagen, Mercedes, BMW und Audi zusammen.

Um Tesla derart hochzuschrauben, brauchte Elon Musk natürlich eine Story. Er richtete sich besonders an die immer zahlreicher werdenden Klimaschützer und machte ihnen weiß, dieses Auto sei der Schlüssel, die Klimakatastrophe abzuwenden. Erinnern wir uns:

Es klingt beinahe wie ein Zauberkunststück im Zirkus, wobei die Bühne die ganze Welt ist. Greta Thunberg beschwört mit jugendlicher Naivität den drohenden Klimawandel, dem sich die Menschheit entgegenstemmen muss, damit die Erde nicht untergeht, und Elon Musk holt, wie ein Zauberer, das Kaninchen als Antwort auf alle Fragen aus dem Hut – nur dass das Kaninchen in diesem Fall das E-Auto ist, das die Welt rettet.

Am Ende der Vorstellung bleibt bei den Zuschauern hängen: Nur wenn wir alle E-Autos kaufen, hat die Menschheit eine Chance, zu überleben. Ein schönes Märchen – aber irgendwann ist die Vorstellung zu Ende und wir befinden uns wieder in der Realität. Die Jugendliche ist in dieser Zeit erwachsen geworden und der Zauberer zum reichsten Mann der Welt aufgestiegen. Aber das Klima ändert sich unabhängig davon, wie viele Wagen mit Verbrennungsmotor wir verschrotten und wie viele E-Autos wir Tag und Nacht mit elektrischem Strom laden.

Elon Musk stilisierte sich zum Weltenretter hoch, aber das Klima ist ihm augenscheinlich völlig schnuppe, wie man daraus ableiten kann, dass seine Weltraumfirma SpaceX Raketen in den Orbit schickt, mit deren Energie ganze Städte versorgt werden könnten.

Es dauerte nicht lange, bis die Ökoparteien und im Gefolge viele Bürger auf das Märchen hereinfielen. Binnen kürzester Zeit wurde die Abschaffung des Verbrennungsmotors als eines der wichtigsten Ziele zur Klimarettung propagiert.

Getreu der Lesart: Wenn in der EU keine Benzin- und Dieselfahrzeuge mehr unterwegs sind, ist ein wesentlicher Schritt zur Rettung des Klimas getan. Und zwar mit Eile gemäß dem Narrativ: Das Weltklima wird in wenigen Jahren wegkippen, im Grunde schon morgen oder spätestens übermorgen. Wir können das nur verhindern, wenn wir alle Verbrennungsmotoren in der EU abschaffen – und dabei in der Autonation Deutschland anfangen.

Diese naive Denkweise ist falsch und gefährlich.

Batteriebetriebene E-Autos sind teuer

Tesla und seine Nachahmer sind wegen der erheblichen Kosten der Batterie so teuer, dass sich nur Pioniere und der obere Mittelstand ein solches Auto leisten können.

Umso erstaunlicher ist es, dass ausgerechnet die Sozialdemokratie und die ökologischen Parteien, die sich beide als Vertreter des „kleinen Mannes“ gerieren, der für den Normalbürger unerschwinglichen und unpraktischen E-Mobilität Vorschub leisten und damit Tausende von Arbeitsplätzen in Deutschland nachweislich gefährden. Diese Entwicklung hat nicht nur bei Ford, wie in diesem Buch an anderer Stelle erwähnt, sondern bei vielen Autoherstellern längst begonnen, insbesondere bei Volkswagen, die momentan in China ein Desaster erleben. Dort ist das E-Auto von Volkswagen „out“.

Hinzu kommt ein weiterer Aspekt: Die Politik wird nicht müde, die Freiheit als einen wesentlichen Vorteil der Demokratie zu betonen. Das Auto ist unstrittig ein Freiheitselement für unzählige Bürger. Wer es derart unvernünftig beschränkt und die Bevölkerung mit billigen Tickets für öffentliche Verkehrsmittel lockt, nimmt den Menschen ein erhebliches Maß an Freiheit.

Der Verdacht liegt nahe, dass die Grünen und viele ihrer Wähler den hohen Preis der Elektroautos – koste es, was es wolle – nur deswegen klaglos hinnehmen, weil sie glauben, damit die zugegebenermaßen Milliarden von Autos möglichst schnell reduzieren zu können.

In mangelnder Sachkenntnis wird behauptet, die deutsche Automobilindustrie hätte den Anschluss verloren, weil sie zu spät auf Elektromobilität setzte. Doch dass die deutschen Autoentwickler überhaupt dazu bereit waren, sich damit zu beschäftigen, hat maßgeblich die EU bewirkt. Die immer niedrigeren Grenzwerte für den Treibstoffverbrauch zwangen quasi dazu – denn dabei handelt es sich um den Flottenverbrauch aller produzierten Fahrzeuge des jeweiligen Unternehmens. Fälschlicher wurden dabei die Elektroautos mit Null Verbrauch angerechnet, so dass sich damit die Grenzwerte beim Flottenverbrauch einfach erreichen ließen. Dadurch konnten die Hersteller leichter weiterhin ihre teuren Protzkarossen mit Verbrennungsmotor verkaufen.

Zudem liegt der Verdacht nahe, dass diese Entwicklung auch an den hohen Subventionen liegt, die die Politik hierauf verwendet. Man geht von ungefähr 10.000 bis 20.000 Euro pro produziertem Wagen aus. Hinzu kommen Verkaufsprämien, die dem Verbraucher das Elektroauto schmackhaft gemacht haben. Kurzsichtig hat die deutsche Autoindustrie den Verbrennungsmotor aufgegeben, weil sie diese enormen Subventionen der Heureka-Politik kassieren wollte. Welche viel bessere Aufgaben hätte man mit diesem vielen Geld erfüllen können?

Das erklärt auch das Rätsel, warum ausgerechnet die deutsche Automobilindustrie mit fliegenden Fahnen zur batterieschweren E-Mobilität übergegangen ist und das als ihre Zukunft bezeichnet.

Notabene: Die Automobilindustrie stellt bekanntlich das Rückgrat der deutschen Wirtschaft dar und der Export unter dem Signum „Made in Germany" bildet die Grundlage für unseren Wohlstand. Sie sichert Millionen von Arbeitsplätzen nicht nur in der eigenen Branche, sondern auch in den Zuliefererindustrien. Alle diese Arbeitsplätze werden aus fadenscheinigen Gründen aufs Spiel gesetzt, um die von außen herangetragene PR-Chimäre der vermeintlich sauberen E-Mobilität zu realisieren.

Diese Entwicklung ist übrigens ganz im Sinne der USA, die schon immer neidisch auf die weltweit führende deutsche Autoindustrie war. Die Behauptung steht im Raum, dass daran in Kalifornien gegründete Klimafonds beteiligt waren, die auch NGOs, Forschungsinstitute und sogenannte Denkfabriken in Europa und Deutschland unterstützen. Diese US-Klimafonds haben wohl letztendlich dazu beigetragen, die deutsche Automobilindustrie zu beschädigen und ihre Zukunft zu behindern – stets unter dem Vorwand, das batterieschwere Elektroauto würde das Klima retten und wäre der Fortschritt, dem die Zukunft gehört.

Verheerende soziale und ökologische Bilanz

Hinzu kommt ein weiterer Aspekt: Je schwerer ein Körper ist, desto mehr Reibung erzeugt er. Beim Auto erfolgte diese Reibung an den Reifen. Kämen kleinere Batterien zum Einsatz, dann könnte das Elektroauto 200 bis 300 Kilogramm leichter werden.

Die durch das höhere Gewicht stärkere Reibung an den Reifen erzeugt mehr Abrieb, der zu schädlichem Feinstaub aus Gummi und Mikroplastik (weil sich auch im Reifen viel Kunststoff befindet) führt. Diese Information wird meistens unterdrückt.

Die Skizze eines batterieschweren Elektroautos zeigt, wie das hohe Gewicht durch die Batterien im Boden zustande kommt.

Die Automobilindustrie war auf dem Weg, möglichst leichte Materialien zu verwenden, um das Gewicht der Wagen zu reduzieren. Die schweren Batterien haben dieses Vorgehen unterminiert.

Natürlich hat die Elektrifizierung mit *leichteren* Batterien, was möglich ist, große Vorteile, wie noch zu zeigen sein wird.

Hinzu kommt: Was bei allen diesen Diskussionen wohlweislich kaum Beachtung findet, ist der heutige Fahrzeugbestand.

Über eine Milliarde Bestandsfahrzeuge auf der Erde

Mehr als eine Milliarde Fahrzeuge gibt es rund um den Erdball.[6] Das Gros davon ist mit Benzin- oder Dieselmotoren ausgestattet. Eine „Nachhaltigkeitsstrategie“, die darauf ausgerichtet ist, diesen Fahrzeugbestand so rasch wie möglich durch E-Autos zu ersetzen, hat den Namensbestandteil „nachhaltig“ gar nicht verdient – völlig losgelöst davon, dass die Elektromobilität keineswegs per se nachhaltiger ist.

Vielmehr muss es doch das Ziel jeder vernünftigen Nachhaltigkeitsstrategie sein, die bestehende Fahrzeugflotte so lange wie möglich zu erhalten, aber für einen umwelt- und klimagerechten Betrieb der Wagen zu sorgen. „Verschrotten und neu anschaffen“ ist das Gegenteil von Nachhaltigkeit – genauso wie die von Ideologie getriebene Forderung, die dies zum Ziel hat.

Machen wir uns klar: Wenn wir die EU auf E-Autos umstellen, ist weder dem Planeten noch dem Weltklima geholfen. Das ist im Grunde eine Selbstverständlichkeit, die jedes Kind verstehen dürfte – aber augenscheinlich nicht jeder Politiker.

Auch E-Fuels unentbehrlich für den Klimawandel

Wer in der politischen Diskussion das Wort „E-Fuels“ in den Mund nimmt, wird von ideologisch geprägten Menschen auf Anhieb in die Ecke des „Ewiggestrigen“ geschoben, weil sie sowieso viel zu teuer seien.

Doch das muss nicht sein bei einer funktionierenden zukünftigen Methanolwirtschaft. Denn Methanol ist von vornherein ein E-Fuel, aber macht auch die anderen E-Fuels (die zum Beispiel Benzin oder Diesel ersetzen können, aber auch Kerosin für den Flugverkehr und sogar Heizöl, wenn Methanol nicht direkt verwendet werden kann) viel preiswerter, weil sie chemisch daraus gewonnen werden können.

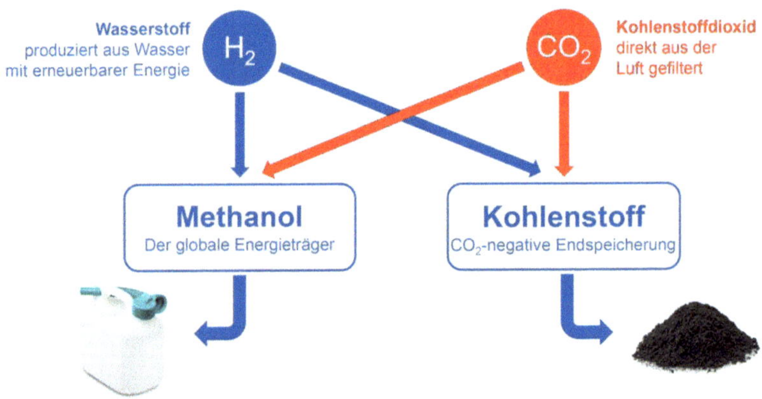

Schemadarstellung der Herstellung von E-Fuels, wobei gleichzeitig der Atmosphäre CO_2 entzogen wird.

E-Fuels, auch synthetische Kraftstoffe genannt, stellen tatsächlich eine Lösung für den Umwelt- und Klimaschutz dar, wenn es darum geht, den CO_2-Ausstoß im Verkehrssektor zu reduzieren und den Verbrauch fossiler Rohstoffe einzudämmen. Es geht nämlich, wie schon dargestellt, keineswegs vor allem um die Dekarbonisierung, sondern noch viel stärker um die Defossilisierung, also darum, den Abbau fossiler Rohstoffe zu stoppen. Dabei können E-Fuels von fundamentaler Bedeutung sein.

Doch es kommt noch viel besser, wenn man E-Fuels und Elektroantrieb kombiniert. Das geht nicht? Natürlich geht es, nämlich im seriellen Hybrid-Automobil.

Jean Pütz erzählt hierzu:

„Ich war in dem Team, das den damals sehr begehrten Ford Conservation Award für Europa verlieh. Zu dieser Zeit habe ich versucht, die Geschäftsführung in Köln davon zu überzeugen, eine Prüfung vorzunehmen, ob ein von mir ausgedachtes Mobilitätskonzept Chancen hätte.

Als Elektroingenieur und Physiker kam mir die Idee, dass ein Konzept durchaus Erfolg haben könnte, welches ein Minimum an Energie benötigt, um von A nach B zu gelangen. Es ging dabei also nicht um Protzkarossen. Mir war klar, dass dies mit einem reinen Verbrennungsmotor nicht möglich wäre. Das liegt allein schon daran, dass bei einem Benzin- oder Dieselmotor das Anfahren, das notwendige Getriebe und der Motor, der immer wieder von Null bis zu einer Drehzahl mit dem optimalen Wirkungsgrad hochgefahren werden muss (je nach Schaltstufen), viel Energie benötigen.

Ich dachte mir damals: Wenn die ganzen Beschleunigungsvorgänge von einer kleinen Batterie übernommen würden, bestünde die Möglichkeit, ausschließlich auf moderne Elektromotoren für den Antrieb umzusteigen, sofern bei Bremsvorgängen die Bewegungsenergie wieder in die Batterie zurückgeladen wird. Natürlich kann dazu die Batterie auch zwischengeladen werden. Genau das erledigt ein kleiner Verbrennungsmotor, der indes nicht immer wieder anfahren muss, sondern der bei Bedarf immer in der optimalen Drehzahl läuft, wenn die Batterie Ladung benötigt.

Es wäre also ein reiner Elektroantrieb, der durch Software gesteuert ohne schweres Automatikgetriebe und ohne Differential auskommt – vergleichbar mit dem später entwickelten batterieschweren Elektroauto.

Ford lehnte das damals ab. Die Firma setzte noch auf den Dieselantrieb, den sie von einem anderen europäischen Automobilproduzenten übernommen hatte und der dann später im bekannten Softwarebetrug endete. Aber ich veröffentlichte meine Idee als Journalist über die damals aufkommenden sozialen Medien.

Vor etwa vier Jahren rief mich der ehemalige Pressechef eines großen Automobilherstellers an, und sagte: `Du wirst es kaum glauben, Deine Idee ist verwirklicht worden. Es existieren sogar schon zwei Prototypen. Alles, was Du vorhergesagt *hast, insbesondere der niedrige Energieverbrauch, stimmt. Es handelt sich um eine österreichische Technologieschmiede, die die Chancen der Elektromobilität frühzeitig erkannt hat – aber nicht so, wie Elon Musk sie propagiert. Sie laden Dich nach Bregenz ein, um die Sache persönlich in Augenschein zu nehmen. Sie haben ein Meisterwerk geschaffen mit allem Drum und Dran. Im Moment haben sie einen chinesischen Kleinwagen und einen Tesla aus der Mittelklasse umgebaut, und dabei einen Zweizylinder-Viertaktmotor neu entwickelt, der nur die Ladefunktion übernimmt.´*

Allein dieser kleine zweizylindrige Motor erzeugte meine Bewunderung, weil er völlig vibrationsfrei lief. Das wurde dadurch erreicht, dass es keine Kurbelwelle gab. Die typische Aufgabe der Kurbelwelle, die Zylinder zu koppeln, übernahmen Zahnräder, die die nicht vermeidbare Vibration einzelner Zylinder durch die Gegenläufigkeit aufhoben. Immerhin entwickelte dieser Motor nur eine Leistung von 40 kW, weniger als in einem Fiat 500, benötigte aber dafür sehr wenig Raum. Trotzdem erreichte ein umgebauter Tesla die Geschwindigkeit von 100 Stundenkilometern in vier Sekunden, weil er die Beschleunigung dafür aus der Batterie zog. Das Gewicht dieses Motors ist so gering, dass es fast vernachlässigbar ist.

Die ersten Autos wurden noch von (fossilem) Benzin angetrieben und benötigten selbst auf den Straßen der nahe-

liegenden Alpen nachweislich nur 1,5 Liter auf 100 Kilometer. Ich bin selbst damit auf Alpenstraßen gefahren und merkte keinen Unterschied zum batterieschweren Tesla. Die von mir vorhergesagte Energieersparnis stimmte also.

Diese Firma hatte aber etwas ganz anderes im Köcher. Sie wollte beweisen, dass Autos mit diesem Konzept mit regenerativen statt mit fossilen Treibstoffen auf Anhieb CO_2-neutral fahren würden. Nun kamen unsere Interessen zusammen.

Ich nannte das damals „serielles Hybrid-Elektroauto", aber die Firma, die das zunächst ohne mein Wissen umgesetzt hatte, sprach vom „Hyperhybrid". So nennen wir es auch im Weiteren.

Es ist dem reinen Elektroauto in Sachen Umweltschutz (Feinstaubausstoß und Klimaschutz) wegen des etwa 250 Kilogramm geringeren Gewichts weit überlegen. Weil es so leicht ist und viel weniger Reibung erzeugt, hat es vollgeladen in Städten immerhin eine Reichweite von über 80 Kilometern, ohne dass der Motor anspringen muss. Während sich die ökologischen Vorteile eines „Typ Tesla" erst nach etwa 100.000 Kilometern bemerkbar machen, beginnen die Vorteile beim Hyperhybrid weit vorher, weil die Batterie nur ein Siebtel so groß ist.

Damals dachte ich schon daran, dass die Klimaanlage, bei der der Energieverbrauch häufig unterschätzt wird, bei reinen Elektrofahrzeugen ein großes Problem darstellt – denn die Wärmeenergie ist bekanntlich die aufwändigste aller Energieformen –, und die Klimaanlage muss beim reinen E-Auto aus der Batterie gespeist werden. Hingegen wird die Kühlung und Heizung des Hyperhybrid vom kleinen Verbrenner durch die Abwärme des Motors übernommen und belastet die Batterie nur unwesentlich.

Kurzum: Ich bin in keiner Weise an dieser Firma beteiligt und erhalte auch kein Honorar. Das heißt, man kann mich nicht böswillig als Lobbyisten bezeichnen. Doch ich bin davon überzeugt, dass dem Typ Hyperhybrid die Zukunft gehört.

Es würde sogar die deutsche Autoindustrie retten, weil sie ihr enormes Know-how in Sachen Verbrennungsmotor einbringen könnte und die Produktion aus China wegdrücken. Denn die Fertigung dieses Autos wäre zigfach preiswerter als ein reines Elektroauto, allein schon wegen der kleinen Batterie. Es wäre also ein Auto, das sich jeder leisten könnte, auch ohne Subventionen und sonstige Kaufanreize. Die Elektrifizierung des Autoverkehrs wäre damit wesentlich schneller möglich.

Mich treibt die Frage um, warum bisher keine Chance bestand, die Autoindustrie wenigstens zum Nachdenken über diese Idee zu bewegen. Trotz persönlicher Ansprache vieler

Politiker ist die Politik wie üblich nicht bereit, ihren fundamentalen und teuren Irrtum zuzugeben. Ich bin gespannt, wann die Autoindustrie auf die Vorzüge anspringt. Im Moment sind nur die Chinesen an den Patenten interessiert. Überall, insbesondere auf meiner Facebook-Seite, erhalte ich sehr viel Zuspruch, und zwar unter dem Titel „Gib der Vernunft eine Chance“.

Ich bin sicher, dass dies eine große Chance für die deutsche Automobilindustrie wäre, eine Katastrophe abzuwenden. Vermutlich ist der kleine Lademotor, der wenig Energiebedarf hat, wegen seines nicht vermeidbaren geringen CO_2-Ausstoßes der Hauptgrund für die Ablehnung. Er passt zunächst nicht in die Heureka-Politik der Dekarbonisierung. Denn im Mainstream hat sich der Glaube verfestigt, dass ein Verbrennungsmotor nicht CO_2-neutral funktionieren kann.

Wir sind davon überzeugt: Wenn die Idee des grünen Methanols zusammen mit dem Hyberhybrid-Antrieb zum Tragen kommt, dann ist ein Verbrennerverbot völlig hinfällig. Zwar ist dieser Unsinn durch das Europäische Parlament bugsiert worden, aber glücklicherweise hat die Europäische Kommission ihn auf Einspruch Deutschlands und einer kleinen Partei hin verhindert.

Hätte Ford damals diese Ideen übernommen, wären die heutigen Massenentlassungen vermutlich überflüssig. Der Hersteller hat bis Ende 2025 rund 3.800 Arbeitsplätze gestrichen, davon 2.300 in Deutschland.[7]

So funktioniert das Prinzip des Hyperhybrid-E-Autos

Das Auto wird mit einem seriellen Hybridantrieb ausgestattet. Das bedeutet, dass keinerlei mechanische Verbindung zwischen Verbrennungsmotor und Antriebsachse besteht.

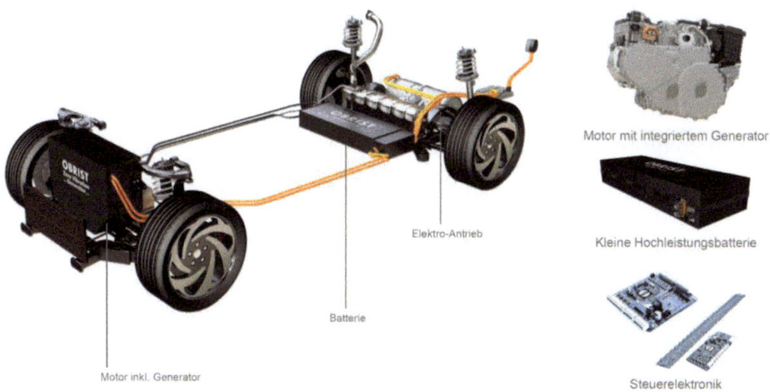

Schemadarstellung des seriellen Hybridantriebs (Hyperhybrid) mit Verbrennermotor auf der linken Seite sowie Batterie und Elektromotor auf der rechten Seite.

Stattdessen treibt der Verbrennungsmotor einen Generator an, der Strom erzeugt, mit dem die Batterie auch zwischengeladen werden kann.

Mittlerweile hat die österreichische Firma dieses Antriebskonzept schon bei zehn Prototypen umgesetzt. Statt großer, schwerer und umweltschädlicher Batterien, wie sie für ein herkömmliches E-Auto benötigt werden, reicht im seriellen Hybrid eine sehr kleine Batterie (Fassungsvermögen nur 17 kWh), weil der Strom eben nicht nur aus einer Batterie kommt, sondern über einen kleinen Verbrennungsmotor fortlaufend generiert wird. Es genügt ein äußerst kompakter Viertakt-Zweizylindermotor, weil dieser kein tonnenschweres Auto antreiben, sondern nur – mithilfe der kleinen Pufferbatterie – einen Elektromotor mit Strom versorgen muss. Im Durchschnitt bei Geschwindigkeiten von bis zu 140 Stundenkilometern ohne Beschleunigung reicht der Strom aus dem Verbrennungsmotor, aber im dynamischen Betrieb kann es kurzfristig zu Leistungsengpässen kommen, die dann aus der Batterie heraus entnommen werden.

Kurzgefasst: Die Vorteile dieses seriellen oder auch Hyperhybrid-Antriebs sind signifikant. An erster Stelle ist der äußerst geringe Energieverbrauch zu nennen, der selbst bei Einsatz des Verbrennungsmotors nur wenige und wegen des Methanols weitgehend unschädliche Abgase erzeugt. Dass ist auch deswegen der Fall, weil der Motor immer im energieeffizienten Wirkungsbereich bleibt und nicht unter Last anfahren muss. Dies ist das Problem der bisherigen Pkws, die von null Geschwindigkeit unter Volllast hochlaufen und zwischendurch immer wieder geschaltet werden müssen, um einigermaßen die spritsparende Drehzahl im jeweiligen Gang zu erreichen – und das bei jedem Schaltvorgang aufs neue.

Hinzu kommt: In Städten und auf Strecken, in denen Verbrenner möglicherweise verboten werden, kann der Hyperhybrid fahren, weil er nur aus der Batterie gespeist eine Reichweite von 80 bis 90 Kilometern besitzt. Dies ist bereits genug für 90 Prozent der Fahrten eines durchschnittlichen Autos.

Weiterhin zu nennen ist die kostengünstige Produktion, die zu einem Verkaufspreis unterhalb herkömmlicher Diesel führen kann. Er benötigt deswegen keine staatlichen Subventionen bei der Produktion und später keine irgendwie geartete Verkaufsprämie vom Staat und damit von unseren Steuergeldern bezahlt.

Der Hyperhybrid besitzt alle Vorteile beim Betrieb, die auch batterieschwere Elektroautos auszeichnen, auch, was die Geräuschentwicklung anbelangt, denn der Motor kann als eine Einheit schallschluckend verkapselt werden. Man merkt überhaupt nicht, wenn der Motor für den Lademodus anspringt.

Deutschland kann wieder einen Technologievorsprung erreichen, vorausgesetzt, die Industrie verschläft nicht diese zukünftige Entwicklung zum grünen methanolgetriebenen Hyperhybrid. Ein enges Netz von Ladesäulen mit Milliardenkosten ist nicht mehr nötig. Hausbesitzer können trotzdem die Batterie an ihrem eigenen solaren Netzwerk speisen. Aber der Ladevorgang ist wesentlich kürzer, auch ohne batterieschädliche Schnellladung, denn die Batteriekapazität beträgt nur 17 bis 20 kWh. Außerdem entstehen weniger Feinstaub und Mikroplastik wegen des geringeren Gewichts.

Ein weiterer Pluspunkt ist die Reichweite. Die Prototypen erreichen mindestens 1.000 Kilometer mit sehr kleinem Tank, was das Gewicht des vollgeladenen Autos zusätzlich verringert. Zudem geht das Tanken viel schneller und einfacher als das lange Laden mit einem reinen Elektroauto.

Nicht zu verwechseln mit parallelem Plug-in-Hybrid

Zur Klarstellung: Unser *serieller* Hybridantrieb ist nicht zu verwechseln mit dem Parallel-Hybrid, bisher Plug-in-Hybrid genannt. Bei letzterem ist alles doppelt: Er hat einen schweren üblichen Verbrennermotor von höchster Leistung *und* einen vollwertigen Elektromotor, die beide mit den Antriebsrädern gekoppelt sind. Er besitzt einen voluminösen Benzin- oder Dieseltank *und* hat nur eine ähnlich große Batterie wie beim seriellen Auto, aber man kann damit wesentlich weniger Strecke ohne Verbrennungsmotor zurücklegen, weil das Gefährt so schwer ist.

Das ist auch der Grund, dass diese Batterie nur vereinzelt am Netz oder an der Solaranlage geladen wird, wie die Erfahrung zeigt. Nur selten wird sie selbst mit der eigenen

Elektroanlage im Haus zum Laden gekoppelt; für die meisten ist das einfach zu umständlich.

Deswegen ist der Verbrauch auch mindestens ein bis zwei Liter höher als ein normaler Verbrenner. Viele haben sich nur deshalb einen Plug-In zugelegt, weil damit aus welchem Grund auch immer steuerliche Vorteile verbunden waren, zum Beispiel um die Verbrauchsprämie von bis zu 5.000 Euro einzuheimsen.

Einen ökologischen Vorteil besitzt dieses Auto überhaupt nicht. Es riecht nur nach Fortschritt, der nicht vorhanden ist. Außerdem ist die Produktion sehr teuer, im Gegensatz zum seriellen oder Hyperhybrid-Elektroauto.

Hält man sich die technische Eleganz des Hyperhybrids, die Einfachheit bei der Produktion und bei der Nutzung (schnelles Tanken statt langem Laden) und die ressourcenschonende Nachhaltigkeit dank grünem Methanol vor Augen, kann einem schwindelig werden, wenn man überlegt, dass allein die per Anfang 2023 in Deutschland zugelassenen 118.000 Teslas mit insgesamt 59.000 Tonnen Batteriegewicht – nur die Batterien, nicht die Wagen – unterwegs sind.

Wir haben nachgerechnet: Ein Kilogramm Batterie bringt es auf durchschnittlich 0,2 kWh, während ein Kilogramm Methanol einen Energiegehalt von deutlich über 5 kWh aufweist.

Unter Berücksichtigung des zweiten Hauptsatzes der Thermodynamik, nach dem bei einem Wirkungsgrad von 50 Prozent im Verbrennungsmotor höchstens die Hälfte energetisch verwertet werden kann, ist die Energiespeicherung im Methanol bei gleichem Gewicht mindestens noch zehnmal besser. Deswegen können Hyperhybridwagen mit viel weniger Gewicht als Batterie-Elektroautos gebaut werden, was bei der Bewegung eine entscheidende Rolle spielt.

Tesla und Nachahmer folgen der Maxime „Je größer die Batterie, desto mehr Reichweite“. Damit ist das Tesla-Prinzip geradezu auf schwere Autos angelegt. Genau das gilt für den seriellen Hybridantrieb nicht.

Die Firma, die dieses serielle Konzept verwirklicht hat, heißt Obrist und ist die angesprochene österreichische Technologieschmiede, die bisher „intelligente“ Technologien für alle Arten von Autos geliefert hat; zum Beispiel besitzt sie unter anderem etliche Patente für umweltfreundliche Klimaanlagen.

Die Prototypen hat sie aus Überzeugung gebaut, weil ihr die Vorteile vornherein bewusst waren – im Gegensatz zur Automobilindustrie. Ihr war auch klar, dass die Zukunft der Elektromobilität gehört. Aber anders als dem Mainstream nachzulaufen, setzte sie auf die Vorteile der Energieersparnis durch leichte Elektroautos, und ihr erschien die schwere Batterie kontraproduktiv.

Um das zu beweisen, hat sie mittlerweile die zehn Prototypen gebaut, ist aber kein Autoproduzent. Sie glaubte, die Automobilindustrie von den Vorteilen überzeugen zu können. Aber Pustekuchen, diese war schon auf den Typ Tesla – dank der Überzeugungskunst von Elon Musk – abgefahren, und auch die Politik erkannte nicht die Fallstricke dieses Systems.

Um es noch ökologischer zu machen, entwickelte die Firma Obrist den gleichen Motor mit einem um 20 Prozent höherem Wirkungsgrad dank Methanol als Treibstoff. Aber Methanol hat immer noch einen CO_2-Fußabdruck.

Um das E-Auto von Anfang an CO_2-neutral fahren zu lassen, kam sie auf die bestechende Idee, das regenerative Methanol auch in trockenen, aber sonnendurchfluteten Gegenden wie zum Beispiel sogar in der Wüste (ohne Konkurrenz zur Landwirtschaft) zu produzieren und erwarb dafür auch sämtliche Patente. Jetzt können wir nur hoffen, dass die Politik oder die Banken bereit sind, dies für den großindustriellen Einsatz zu finanzieren.

Warum die Politik? Wenn Hunderte von Milliarden für den Typ Tesla bereitstanden, dann müssten für das viel intelligentere Konzept doch auch Finanzen zur Verfügung stehen.

Ich – Jean Pütz – bin sogar sicher, dass dazu keine Steuermittel notwendig sind. Und trotzdem wird sich damit Deutschland wieder an die Spitze der Innovationen im automobilen Verkehrssektor setzen können.

Ich weiß aus gut unterrichteten Kreisen, dass der größte chinesische Automobilkonzern, der mittlerweile auch in Deutschland den hiesigen Elektroautoproduzenten – also den vier großen – durch ein weitverzweigtes Verkaufsnetz gerade für Elektroautos enorme Konkurrenz macht, großes Interesse an den Patenten besitzt. Geben wir der deutschen Automobilindustrie noch eine Chance.

Die Firma Obrist produziert als Zulieferer die heute verfügbaren Hyperhybrid-Modelle nicht selbst, hofft aber, dass sich die Idee in der Automobilindustrie verbreitet.

Über den folgenden QR-Code gelangt man zu einem Erklärfilm über das Funktionsprinzip des Hyperhybrid (Link: https://youtu.be/4BFuOA_2rCo):

Nachfolgend der Link zu einer Testfahrt mit einem umgerüsteten Tesla Modell 3:
(https://www.youtube.com/watch?v=sGrPN3IzyNg)

Die deutsche Autoindustrie steht auf der Kippe

Angesichts dieser schon recht weit gediehenen Entwicklung ist es erstaunlich, dass mit Stand 2023 das reine Elektroauto à la Tesla als „alleiniger Weg zur Klimarettung“ auf dem Automobilsektor geradezu gepriesen wird. Das spricht weder für die Weitsicht der deutschen Politik noch für die meinungsbildende Presse, und auch nicht – man kann es wohl nicht anders sagen –, für die früher so kreative Innovationskraft der deutschen Autoindustrie.

Das ist angesichts der schweren wirtschaftlichen Schäden, die die hiesige Autoindustrie zu erwarten hat, wenn sie sich weiterhin von Tesla oder den führenden chinesischen Autokonzernen vorführen lässt, schwer verständlich.

Für die Bundesrepublik Deutschland steht nichts Geringeres als die weltweite Marktführerschaft bei der Entwicklung von Automobilen auf dem Spiel. Für Europa geht es darum, sich industriell gegen die USA und China zu behaupten.

Und für die Menschheit ist es essenziell, dass nicht nur die Industrienationen auf nachhaltige Mobilität umschwenken, sondern auch die weniger entwickelten Länder die Chance erhalten, bei der Rettung unseres Planeten vor weiteren Umweltschäden mitzuwirken. Doch eine ideologie-getriebene deutsche Klimahysterie, die sich darin ausdrückt, die eigene Autoindustrie zu zerdrücken, schadet dem Wohlstand in Deutschland und Europa nachhaltig, ohne einen wesentlichen Beitrag zur globalen Klimarettung zu leisten.

Viel besser für die Welt und gesünder für die deutsche Wirtschaft und damit für den hiesigen Wohlstand wäre – was die künftige Mobilität anbelangt – ein Umschwenken auf den seriellen Hybridantrieb, und für den Verbrenner-Autobestand die Umstellung auf grünes Methanol bzw. E-Fuels. Diese Lösung liegt zum Greifen nahe.

Fazit: Eine nachhaltige Verkehrswende in Deutschland und Europa so zu gestalten, dass die Fahrzeuge mit Verbrennungsmotor im Wesentlichen durch E-Autos ersetzt werden, ist viel zu kurz gesprungen. Hinzu kommt die schon mehrfach erwähnte ideologische Verblendung, die das Auto zu einem „Klimakiller" erklärt, aber andere Aspekte des Alltags, die ebenso „klimakritisch“ zu betrachten sind, schlichtweg übersieht.

Generation Anti-Auto

Zum Nachdenken: Die Generation der Klimaaktivisten, die das Auto mit Verbrennungsmotor als einen der größten Feinde der Umwelt ausgemacht hat, möchte ungern auf *den* Klimakiller verzichten, der *ihren* Alltag bestimmt: das Smartphone.

Mit weltweit rund drei Milliarden Smartphones gehören diese Geräte in jede Betrachtung über menschengemachte Klimaveränderungen einbezogen. Hierbei gilt es, den gesamten Lebenszyklus zu berücksichtigen, also Produktion, Vertrieb, Transport, Nutzung und Recycling. Für ein durchschnittliches Smartphone errechnet sich daraus ein CO_2-Fußabdruck von insgesamt etwa 47 Kilogramm.[8] Kanadische Forscher prognostizieren, dass das Smartphone 2040 der größte Klimakiller weltweit sein dürfte.

Hinzu kommt natürlich der CO_2-Ausstoß in den Rechenzentren: Jeder Klick und Wisch auf einem Smartphone wird über das Internet übertragen und führt zu mindestens einer Rechenoperation in einem Datenzentrum irgendwo auf der Welt. Es gilt die Faustregel, dass ein Smartphone in seiner Nutzung rund zwanzigmal so viel Energie und CO_2 in Rechenzentren braucht, wie das eigentliche Gerät benötigt. Es gilt als konservativ gerechnet, wenn man davon ausgeht, dass sich das von Smartphones generierte Datenvolumen etwa alle fünf Jahre verzehnfacht.[9]

Wer die Abschaffung des Autos fordert, sollte also konsequenterweise auch sein Smartphone beiseitelegen. Klüger wäre es hingegen, beide und auch andere Technologien unter der Maßgabe einer verbesserten Nachhaltigkeit weiterzuentwickeln.

Wir hoffen, dies in unserem Buch deutlich gemacht zu haben. Es gibt Alternativen, mit denen wir unseren Wohlstand behalten, unsere geliebten „Götzen“ wie Auto und Smartphone bewahren und trotzdem nicht jedes CO_2-Molekül mit dieser Industrie-tötenden Dekarbonisierungsideologie vermeiden müssen.

Wir gehen einher mit vielen Forderungen der klimabezogenen NGOs – es war schon nötig, die Politik auf diese existenzbedrohenden Schwachstellen aufmerksam zu machen.

Aber bitte überdenkt bei Euren Forderungen, dass es auch andere Möglichkeiten gibt als bisher in den weltweiten Bemühungen – dadurch, dass wir unseren Energiebedarf sozusagen mit der Sonne fast ohne den Einsatz von raren Rohstoffen nachhaltig decken können, ohne Umweltschäden, und ohne die Ausbeutung bestimmter Menschen betreiben zu müssen, wie es in der Vergangenheit der Fall war.

Forderungen an die Politik

Die in diesem Buch vorgestellte grüne Methanolwirtschaft kann nur Wirkung zeigen, wenn sich auch die Politik darauf einlässt. Wie schon erwähnt, hätte unser Konzept ein enormes Potenzial, den Frieden und die Klimarettung zu beschleunigen. Natürlich nicht von heute auf morgen. Deshalb sind wir momentan noch auf fossile Energie angewiesen.

Wie erklärt sich folgender Widerspruch? Wir versuchen in Deutschland das Entweichen jedes einzelnen CO_2-Moleküls zu verhindern, aber noch niemals zuvor ist soviel an fossilen Energieträgern aus der Erde gefördert worden wie im Jahr 2022. Was gefördert wurde, wird auch verbraucht, logisch. Jetzt sollte die Politik einmal erklären, wie man verhindern kann, dass diese fossilen Energien keinen Ausstoß von CO_2 verursachen. Wie erklärt sich dann, dass wir in Deutschland päpstlicher als der Papst die Dekarbonisierung auf die Spitze treiben und dafür bereit sind, der Volkswirtschaft und der Bevölkerung unerträgliche Opfer zuzumuten?[10]

Viel Zustimmung zur „Klimarettung ohne Pardon“

Wie sehr dieses Thema den Bürgern auf den Nägeln brennt, sieht man auch daran, dass ich – Jean Pütz – mit meinen

Beitrag „Klimarettung ohne Pardon“ auf Facebook eine Reichweite von über 500.000 Zuschauern erzielt habe. Das große Engagement deutet sich auch in über 21.000 Likes, mehr als 2.000 Kommentaren sowie über 400 „Herzchen“ und „Umarmungen“ an. Weit über 11.000 Menschen haben diesen Beitrag geteilt. Insgesamt konnte ich eine Zustimmungsquote von 99,5 Prozent verzeichnen.

Auch diese überaus positive Resonanz hat uns auch dazu bewogen, das vorliegende Buch so schnell wie möglich zu veröffentlichen.

Die bisher zur angeblichen Klimarettung getroffenen Maßnahmen müssen wir, die Autoren, leider für die etwa nächsten zehn Jahre akzeptieren. Wenn unsere Wirtschaft, unser Lebensstandard und viele unserer Wohlfühlbedürfnisse nicht jetzt schon beschädigt werden sollen, sind wir auf fossile Energien mindestens so lange angewiesen. Leider fallen die mittlerweile erreichten regenerativen Energieanteile kaum ins Gewicht. Unsere Welt ist nun einmal auf eine enorme Energieversorgung eingestellt.

Es gibt eine Grenze, die Menschen in einem freien System gängeln zu können. Das ist der Grund, der die Nation derzeit spaltet.

Viele Verbote und viel zu teure Maßnahmen wie beispielsweise die Wasserstoffstrategie der Bundesregierung oder die Förderung der reinen batterieschweren und teuren Elektromobilität und alles, was den Verbrennungsmotor verdammt, können wir nicht akzeptieren.

Der Verbrennungsmotor wird durch grünes Methanol ein notwendiger Bestandteil der Klimarettung. Wenn Methanol auf die gezeigte Weise produziert wird, kann es auf Dauer den CO_2-Gehalt in der Atmosphäre reduzieren. Denn bei der erklärten Methode zur Methanolgewinnung wird das benötigte CO_2 nur zum Teil verbraucht. Es bleibt CO_2 übrig, das als wertvoller Rohstoff zum Beispiel in vielen Produkten, die auf Kohlenstoff angewiesen sind (wie das für die zukünftige Elektronik und Nachrichtentechnik immer häufiger benötigte Graphen), verarbeitet werden kann. Graphen ist eine besondere Art der Kristallisation des Kohlenstoffs, aus dem man ganz dünne stabile Folien als Träger gewinnen kann. Auch Diamant ist kristallisierter Kohlenstoff der besonderen Art.

Es ist Unsinn, das Kohlendioxid nur tief in der Erde oder in der Tiefsee zu verfrachten und damit klima-unwirksam zu machen. Denn die Technologie macht es möglich, daraus regenerative Kunststoffe herzustellen.

Die Umstellung wird wegen des „Primat des Geldes“ nur dann gelingen, wenn die regenerative Energie billiger wird als die fossile Energie, die derzeit noch die Börsen der Welt bestimmt. Wir sind sicher, dass dann auch die Finanzierung des neuen universellen Energieträgers Methanol keine Probleme bereiten wird – mit dem großen Vorteil, dass wir keine Verbote benötigen wie bei allen Formen der Dekarbonisierung, sondern dass die Wirtschaft das selbst regelt.

Noch ein weiterer Aspekt: Die Spätfolgen der schrecklichen Kolonialismus können zum Teil wettgemacht werden durch eine Art Wiedergutmachung der Europäer, Amerikaner und Araber, die dieses Elend damals verursachten unter Brechung sämtlicher schon damals formulierter Menschenrechte, indem diesen geschädigten heutigen Entwicklungsländern alles, was sie zur Photovoltaik benötigen – also Millionen von Quadratkilometern Solarpanele – kostenlos zur Verfügung gestellt wird. Die notwendigen Wasserstoff- und Methanolfabriken können leicht über den Kapitalmarkt finanziert werden – also eine Art Anstoßfinanzierung durch Photovoltaik.

Überall dort, wo Energie sinnvoll verwertet wird, entstehen auch genügend Arbeitsplätze. Das wäre die schon erwähnte Entwicklungshilfe auf Augenhöhe und das Elend dieser armen Länder könnte dadurch friedensstiftend abgebaut werden. Hoffentlich bleibt das keine Utopie!

Wohlstand und Bildung gegen Überbevölkerung

Noch ein kleiner Einwand: Es wird häufig von einer Überbevölkerung der Erde gesprochen und sogar der CO_2-Fußabdruck eines einzelnen Menschen in die Waagschale gelegt, um vermeintlich das Klima zu retten. Die Geburtenrate kann indes nicht per Gesetz festgelegt werden, wie die Ein-Kind-Politik Chinas gezeigt hat.

Es gibt nur eine Möglichkeit, die Geburtenrate zu begrenzen. Das ist in den reichen Ländern bereits geschehen. Bildung und Wohlstand stellen gemeinsam die Lösung dar, die die Menschen von sich aus veranlasst, weiteren Nachwuchs zu überdenken.

Zusätzlich hilft eine Altersrente, die sich bislang nur reiche Nationen leisten können. In den ärmeren Ländern dient der Nachwuchs nach wie vor in vielen Fällen als Altersversorgung; so ist es kein Wunder, dass eine hohe Geburtenrate vorherrscht.

Es gilt neben den fossilen Energieträgern selbstverständlich auch den Raubbau an anderen Rohstoffen wie Lithium oder Kobalt für die Batterieproduktion oder seltene Erden als Voraussetzung für die Elektronik – aber auch die Rohstoffe, die die Natur liefert wie zum Beispiel die Wälder unter Beachtung der notwendigen Artenvielfalt – zu stoppen. Ziel ist es, dass sich alle Völker die Menschenrechte leisten können und nicht mit fliegenden Fahnen zu den autoritären Ideologien umschwenken. Dies stellt die wohl größte Gefahr für die Menschheit dar.

Ich, Jean Pütz, werde diese schöne Zukunft wohl nicht mehr erleben – aber hoffentlich mein Co-Autor Andreas Dripke – und natürlich alle unsere Kinder und Kindeskinder in Frieden! Und Friede den Staaten, die guten Willens sind!

Hierzu der Link zu einem Fazit und eindringlichen Appell (https://www.facebook.com/reel/240786997867097):

Weitere Bücher im DC Verlag

Stasi 2.0 – Wie wir durch den staatlich-industriellen Digitalkomplex zu gläsernen Bürgern werden und was das für unsere Zukunft bedeutet. 2. aktualisierte Auflage, Andreas Dripke, Markus Miksch, 444 Seiten, ISBN 978-3-947818-05-1

Mein Atomknopf ist größer – America vs. North Korea. Jamal Qaiser, 184 Seiten, Paperback, ISBN 978-3-947818-01-3

Rechtsruck – Wie das Wiedererstarken des Nationalismus Deutschland in die Katastrophe führt. Anonyme Autoren, 660 Seiten, Paperback, ISBN 978-3-947818-06-8

Pandemie – Die Welt im Corona-Krieg, 2. aktualisierte Auflage, Andreas Dripke, Markus Miksch, 148 Seiten, Paperback, ISBN 978-3-947818-13-6

Covid-19 Falsche Pandemie – Die fatalen Fehler der WHO und ihre verhängnisvollen Folgen. Jamal Qaiser, Markus Miksch, 234 Seiten, Paperback, ISNB 978-3-947818-15-0

75 Jahre UNO – Macht und Ohnmacht der Vereinten Nationen. Andreas Dripke, Hang Nguyen, 330 Seiten, Paperback, ISBN 978-3-947818-07-5

Die Dekade 2020-2030 – Das kommt auf uns zu!, Andreas Dripke, Hang Nguyen, 362 Seiten, ISBN 978-3-947818-17-4

Corona und Impfen, Andreas Dripke et al., 188 Seiten, ISBN 978-3-947818-18-1

Hacker – Angriff auf unsere Computer-Zivilisation, Anonyme Autoren, 432 Seiten, ISBN 978-3-947818-23-5

Künstliche Intelligenz (KI) – Wir werden gedacht, Dr. Horst Walther, Andreas Dripke, 250 Seiten, ISBN 978-3-947818-25-9

Migration nach Europa – Wir schaffen das und die Folgen, Anonyme Autoren, 510 Seiten, Paperback, ISBN 978-3-947818-32-7

Auto – Vom Diesel-Desaster bis zum selbstfahrenden E-Auto, Autorengemeinschaft Diplomatic Council, 572 Seiten, Paperback, ISBN 978-3-947818-09-9

Digitale Disruption – Alles wird anders, Andreas Dripke et al., 216 Seiten, Paperback, ISBN 978-3-947818-34-1

Welt ohne Bargeld – Bitcoin und andere Kryptowährungen, Andreas Dripke, Stephanie Stoerk, 176 Seiten, Paperback, ISBN 978-3-947818-41-9

Die biometrische Vermessung der Menschheit, Andreas Dripke et al., 212 Seiten, Paperback, ISBN 978-3-947818-39-6

Apple Car – Wie der iKonzern das Auto neu erfindet, Andreas Dripke et al., 284 Seiten, Paperback, ISBN 978-3-94-7818-43-3

Der Wahn mit dem Datenschutz, Marc Ruberg et al., 136 Seiten, Paperback, ISBN 978-3-947818-51-8

Die Apple Agenda – Welche Märkte der iKonzern künftig revolutionieren wird, Andreas Dripke et al., 260 Seiten, Paperback, ISBN 978-3-947818-47-1

Hilfe, wir werden gechippt! – Vom Mikrochip unter der Haut bis zum Hirnschrittmacher, Andreas Dripke et al., 176 Seiten, Paperback, ISBN 978-3-947818-55-6

Cyber War – Die digitale Bedrohung, Marc Ruberg et al., 244 Seiten, Paperback, ISBN 978-3-947818-45-7

Inside WHO – Analyse der World Health Organization (WHO) und ihres Chefs Dr. Tedros Adhanom Ghebreyesus, Andreas Dripke et al., 124 Seiten, Paperback, ISBN 978-3-947818-27-3

2045 – Das Jahr, in dem die Künstliche Intelligenz schlauer wird als der Mensch, Andreas Dripke, Dr. Horst Walther, 104 Seiten, ISBN 978-3-947818-57-0

Der digitale Euro kommt – Fakten, Analysen, Hintergründe, Andreas Dripke, Stephanie Stoerk, 232 Seiten, Paperback, ISBN 978-3-947818-61-7

Denken 5.0 – Was die klügsten Köpfe eines globalen Think Tank über unsere Zukunft denken; Andreas Dripke, Claude Piel, Detlef Schmuck, Dr. Harald Schönfeld, Helmut von Siedmogrodzki, Stephanie Stoerk, Dr. Horst Walther; 292 Seiten, Paperback, ISBN 978-3-94-7818-36-5

Digitale Identität – Unser Zwilling im Datennetz, Andreas Dripke et al. 164 Seiten, Paperback, ISBN 978-3-947818-53-2

Ewige Pandemie – Freiheit ade, Andreas Dripke, Markus Miksch, 204 Seiten, Paperback, ISBN 978-3-947818-59-4

Der Dritte Weltkrieg – Das Undenkbare denken, die deutsche Ausgabe von „How to avoid World War III", Hang Nguyen, Jamal Qaiser, 216 Seiten, Paperback, ISBN 978-3-947818-67-9

Auto ohne Lenkrad – Das selbstfahrende Auto steht vor der Tür, Patrick Dripke, Thomas Gronenthal, 140 Seiten, Paperback, ISBN 978-3-947818-79-2

Roboter im Alltag – Maschinen (beinahe) wie Menschen, Andreas Dripke, 176 Seiten, Paperback, ISBN 978-3-947818-71-6

Irrfahrt E-Auto – Abgesang auf die deutsche Autoindustrie, Thomas Gronenthal et al., 212 Seiten, Paperback, ISBN 978-3-947818-81-5

China versus USA – Kampf um die Vorherrschaft, Dr. Horst Walther et al., 280 Seiten, Paperback, ISBN 978-3-947818-63-1

Krieg in Europa – Unser schlimmster Albtraum, Andreas Dripke, Hang Nguyen, Jamal Qaiser, Dr. Horst Walther, 260 Seiten, Paperback, ISBN 978-3-98674-026-9

Kampf ums Wasser – Die Herausforderung des 21. Jahrhunderts, Claude Piel, 380 Seiten, Paperback, ISBN 978-3-98674-024-5

Asyl – Flucht ins Paradies, Hang Nguyen, 220 Seiten, Paperback, ISBN 978-3-98674-012-2

Das Internet der Dinge – Die Vernetzung umschlingt uns, Andreas Dripke, Wolfgang Odenthal, 132 Seiten, Paperback, ISBN 978-3-947818-99-0

Die Rückkehr der Kernkraft – Warum Atomenergie unsere Zukunft ist, Andreas Dripke, Hang Nguyen, Marc Ruberg, 204 Seiten, Paperback, ISBN 978-3-947818-95-2

Spion im Smartphone – Wie unser Alltags-Begleiter zur Falle wird, Marc Ruberg et al., 208 Seiten, Paperback, ISBN 978-3-947818-85-3

Kampf ums All – Wie Jeff Bezos, Richard Branson und Elon Musk den Weltraum erobern, und die Rolle der NASA, der ESA, Russlands und Chinas, Andreas Dripke, 260 Seiten, Paperback, ISBN 978-3-98674-014-6

Wenn sich China und Russland verbünden... – Die Herausforderung der Freien Welt, Andreas Dripke, Hang Nguyen, Jamal Qaiser, 260 Seiten, Paperback, ISBN 978-3-98674-016-0

Widerstand gegen die digitale Überwachung – Wofür Julian Assange und Edward Snowden kämpften, Marc Ruberg, Detlef Schmuck, 220 Seiten, Paperback, ISBN 978-3-947818-93-8

Alles über Krypto – NFT, Blockchain, Bitcoin & Co, Andreas Dripke, Stephanie Stoerk, 160 Seiten, Paperback, ISBN 978-3-98674-007-8

Computer wie Götter – Die Rechenknechte übernehmen die Herrschaft, Andreas Dripke, Hang Nguyen, 148 Seiten, Paperback, ISBN 978-3-98674-005-4

Das Versagen des Westens in Afghanistan, Syrien und der Ukraine, Hang Nguyen, Jamal Qaiser, 148 Seiten, Paperback, ISBN 978-3-947818-97-6

Das Diesel-Desaster – Die Geschichte des größten deutschen Industrieskandals, Thomas Gronenthal et al., 340 Seiten, Paperback, ISBN 978-3-947818-83-9

Der Dritte Weltkrieg – Das Undenkbare denken, Hang Nguyen, Jamal Qaiser, 268 Seiten, Paperback, ISBN 978-3-947818-67-9

Metaverse – Was es ist, wie es funktioniert, wann es kommt, Andreas Dripke, Marc Ruberg, Detlef Schmuck, 256 Seiten, Paperback, ISBN 978-3-947818-87-7

Klimakatastrophe – Wahn oder Wirklichkeit, Hang Nguyen et al., 184 Seiten, Paperback, ISBN 978-3-947818-49-5

Was nach dem Smartphone kommt – Eine Reise in unsere digitale Zukunft, Andreas Dripke et al., 152 Seiten, Paperback, ISBN 978-3-947818-69-3

Sebastian Thrun – Eine deutsche Karriere im Silicon Valley, Andreas Dripke, 298 Seiten, Hardcover, ISBN 978-3-98674-062-7

Ich bin nicht woke – Eine Widerrede gegen Gendern, Woke, Cancel Culture und anderes Gedöns, Mai Linh Tran, 184 Seiten, Paperback, ISBN 978-3-98674-065-8

Masterplan: Wie Elon Musk unsere Welt erobert, Andreas Dripke, 288 Seiten, Paperback, ISBN 978-3-98674-056-6

ChatGPT und LaMDA sind erst der Anfang – Wie Künstliche Intelligenz unser aller Leben verändert, Andreas Dripke, Tony Nguyen, Dr. Horst Walther, 200 Seiten, Paperback, ISBN 978-3-98674-067-2

Die digitale Zivilisation – Die Genesis und Zukunft unserer Informationsgesellschaft, Andreas Dripke, Harald A. Summa, 232 Seiten, Paperback, ISBN 978-3-98674-044-3

KI-Report 2023/2024 – Eine Analyse über den heutigen und künftigen Einsatz Künstlicher Intelligenz in der mittelständischen Wirtschaft, Andreas Dripke, Andreas Renner, Dr. Harald Schönfeld, 132 Seiten, Paperback, ISBN 978-3-98674-089-4

Die falsche Energiewende – Die fatalen Fehler der deutschen Energiepolitik, Herbert W. Fischer, 164 Seiten, Paperback, ISBN 978-3-98674-099-3

Künstliche Intelligenz für Entscheider, Andreas Dripke, Andreas Renner, Prof. Dr. Alexander Richter, Dr. Harald Schönfeld, Prof. Dr. Sebastian Thrun, Dr. Horst Walther, 220 Seiten Hardcover, ISBN 978-3-98674-078-8

Kommunikation für Aufsichtsräte und Beiräte, Andreas Dripke, 148 Seiten, Hardcover, ISBN 978-3-98674-073-3

Internationalisierung für Aufsichtsräte und Beiräte, Michael Gutowski, 128 Seiten, Hardcover, ISBN 978-3-98674-075-7

Klima: Unsicherheit und Risiko – Unsere Reaktion überdenken, Dr. Judith Curry, 512 Seiten, Hardcover, ISBN 978-3-98674-091-7

Gesunde Ernährungskonzepte auf Basis aktueller Forschung (2020 - 2024) – Neueste Erkenntnisse aus der Entschlüsselung des Stoffwechsels, Dr. Detlef Weber, 268 Seiten, Hardcover, ISBN 978-3-98674-096-2

Über das Diplomatic Council

Das vorliegende Werk ist im Verlag des Diplomatic Council (DC) erschienen: DC Publishing. Das Diplomatic Council verknüpft einen globalen Think Tank, ein weltweites Business Network und eine Charity Foundation in einer einzigartigen Organisation mit Beraterstatus bei den Vereinten Nationen. Beide Autoren des vorliegenden Werkes gehören zum Mitgliederkreis des Diplomatic Council.

Wirtschafts- und Wissenschaftsdiplomatie im Fokus

DC Mitglieder vertreten die feste Überzeugung, dass Wirtschafts- und Wissenschaftsdiplomatie ein tragendes Fundament für die internationale Völkerverständigung und den friedlichen Umgang der Nationen darstellt. Aus dieser Erkenntnis heraus überträgt das Diplomatic Council die Methodik eines weltweiten Wirtschafts- und Wissenschaftsnetzwerkes mit der diplomatischen Kommunikationsebene der Staaten. Vor diesem Hintergrund sind im Diplomatic Council Persönlichkeiten aus Diplomatie, Wirtschaft, Wissenschaft und Gesellschaft engagiert, die mit Augenmaß ausgewählt werden und die sich durch eine hohe Akzeptanz, eine hohe Kompetenz und ein mit den Grundpfeilern des Diplomatic Council übereinstimmendes Wertesystem auszeichnen. Darüber hinaus sind Unternehmen willkommen, für die Corporate Social Responsibility mehr als ein Schlagwort ist. Das Diplomatic Council lebt von aktiven Mitgliedern, die ihre Ideen, ihre Kompetenzen und ihr Engagement einbringen. Jean Pütz stellt hierfür ein leuchtendes Vorbild dar.

Höchster Status bei den Vereinten Nationen

Das Diplomatic Council hat bei den Vereinten Nationen den höchsten Status zugesprochen bekommen, der für eine Nicht-Regierungsorganisation erreichbar ist: den akkreditierten Beratungsstatus beim Wirtschafts- und Sozialrat der UNO. Dadurch kann das DC mit Rederecht an den UNO-Sessions teilnehmen und mit schriftlichen Eingaben seine Standpunkte vertreten. Das bedeutet, dass das Diplomatic Council der Stimme der wirtschaftlichen und wissenschaftlichen Vernunft Gehör verschaffen kann: Eine florierende Wirtschaft entlang den neuesten Erkenntnissen der Wissenschaft und dem technischen Fortschritt, die den Menschen Wohlstand beschert, gehört zu den besten Friedensgaranten überall auf der Welt.

Weitere Informationen: www.diplomatic-council.org/jeanpuetz

Stichworte und weitere Informationen

Stichwortverzeichnis

Abrieb ... 91

ABX_3 ... 49

Ackerbau ... 48, 55

Äquator... 54

Afrika ... 53, 55, 57, 73-75, 77-78

Ammoniak ... 42-43

Arbeitsplätze ... 51, 57, 73-74, 78, 88, 90, 101, 118

Atacama-Wüste ... 55

Automobilindustrie ... 89-92, 100, 107-108

Autoritäre Staaten ... 40, 77, 120

Batterie ... 53, 77, 83-84, 88, 91-92, 96-99, 101-107, 119

Batteriebetriebene E-Autos ... 71, 82, 88, 90-92, 96, 98, 117

Batteriekapazität ... 104

Benzin ... 43, 46-47, 85, 87, 92, 94-95, 97, 104

Bestandsfahrzeuge ... 92-93

Bilder aus der Wissenschaft ... 79

Brennstoffzelle ... 46

China ... 50-51, 55, 57, 75-78, 82-83, 88, 99, 110, 119

Chihuahua-Wüste ... 55

Chemie ... 13, 26, 28, 43, 69,

CO_2-Fußabdruck ... 107, 111, 119

Defossilisierung ... 7, 30, 58, 94
Deindustrialisierung ... 10, 16
Dekarbonisierung ... 9-10, 16, 45, 57-58, 94, 100, 112, 118
Demokratie ... 11, 39, 76, 77, 88,
Der Sonne eine Chance ... 79
Desertec ... 56-57
Die Grünen (Partei) ... 17-18, 88
Diesel ... 43, 46, 85, 87, 92, 94-96, 103-104
Dritte Welt ... 63, 73
Druck ... 35-36, 46, 64,
E-Fuels ... 93-95, 110,
E-Auto ... 82-88, 93, 99, 101-102, 107, 111
Elektroauto, s. E-Auto
Elektrolyse ... 28-29, 48, 64, 66
Elektromagnetische Kräfte ... 28
Elektromobilität, s. E-Mobilität
Elon Musk ... 81, 85-87, 97, 107
E-Mobilität ... 84-85, 88, 90
Energie, s. regenerative Energie
Energieaustausch ... 27
Energiebedarf der Welt ... 54-55, 60
Energiekrise ... 11, 16,
Energiesparen ... 79
Energieversorgung ... 7, 53, 116
Entwicklungshilfe ... 58, 74-76, 78, 118
Enzyme ... 69

Erdgas ... 9, 23, 30-35, 38, 45, 52, 58-60, 80
Erdgasbranche ... 23,
Erdöl ... 9, 45, 47, 60
Europa ... 16, 53, 55, 57, 71, 74, 76-78, 82, 91, 110-111
Europäische Investitionsbank ... 71
Fernwärme ... 59,
Feinstaub ... 91, 98, 104,
Festigkeit ... 32,
Feuchtigkeit, s. Luftfeuchtigkeit
Flüssigerdgas ... 30-31, 34, 35, 38
Flammpunkt ... 47
Flugverkehr ... 94
Ford ... 88, 95-96, 100
Fossile Energie ... 9, 23, 73, 115-116, 118
Fracking ... 30
Fraunhofer Institut ... 46
Friedensstifter ... 73, 75-76, 78, 115, 118, 120
Fridays for Future ... 10
Gebäude ... 14, 79-81
Gebäudeenergiegesetz ... 14, 59
Geburtenrate ... 119
Gewicht ... 91-92, 97-98, 104, 106, 116
Gobi (Wüste) ... 55
Graphen ... 117
Greta Thunberg ... 86
Grünes Methanol ... 41, 45-48, 53, 56-57, 60, 73, 110, 117

Gummi ... 91
Havarie ... 35, 47
Heureka-Politik ... 14-16, 29, 37, 83, 89, 100,
Hoimar von Ditfurth ... 24
Heizungen ... 58-59, 99
Hyperhybrid ... 71, 98-99, 101-104, 106, 108-109
Industrieländer ... 73, 78-79, 83, 110
Katalysatoren ... 44-46, 69-70
Kernkraft ... 58
Kerosin ... 94
Kobalt ... 77, 119
Kohle ... 9-10, 45, 48, 73, 75
Kolonialismus ... 118
Klimaaktivisten ... 7, 10, 39, 111
Klimaanlage ... 99, 106
Klimafonds ... 91
Klimakonferenzen ... 39, 57
Klimakrise, s. Klimawandel
Klimarettung ohne Pardon ... 115-116
Klimawandel ... 86, 93
Klopffestigkeit ... 46
Kohlendioxid (CO_2) ... 7-10, 31, 42-45, 52, 65-66, 71-79, 80
Kraft-Wärme-Kopplung ... 58-59
Krieg ... 11, 73-75
Kryotechnologie ... 33
Kühlung, s. Wasserstoffkühlung

Kunststoffe ... 91, 117
Kupfer auf Zink ... 70
Ladesäulen ... 85, 104
Ladezeiten ... 84,
Landwirtschaft ... 63, 67, 107
Lebensstandard ... 116
Leibnitz-Institut ... 70
Lithium ... 119,
LNG, s. Flüssigerdgas
Luftfeuchtigkeit ... 27, 64-65
Made in Germany ... 90
Mainstream ... 100, 107
Menschenrechte ... 39, 118, 120
Methanol ... 9, 41 ff., 73 ff.
Methanolwirtschaft ... 54, 61, 94, 115
Mikroplastik ... 91, 104
MIT ... 70
Nachhaltigkeit ... 93, 105, 112
Namib-Wüste ... 55
Naturgesetze ... 12, 18, 38
NGOs ... 91, 112
Obrist ... 106-108
Ökobilanz ... 83
Ökologische Parteien ... 88
Palladium ... 70
Parallel-Hybrid ... 104-105

Pariser Abkommen ... 7
Perowskit ... 48-49
Photovoltaik ... 50-52, 54-55, 67-68, 118
Physik ... 12-13, 24, 59, 95
Plug-in-Hybrid ... 104 ff.
Political Correctness ... 12, 38
Politik ... 7, 13, 15-18, 23, 29-30, 32 ff., 51-52, 80 ff., 115 ff.
Politiker ... 17, 29, 60, 93-94
Populismus ... 12, 38
Regen ... 27, 64
Regenerative Energie ... 7, 23 ff., 41 ff., 63 ff., 79, 83 ff.
Reichweite ... 17, 83-84, 98, 103-104, 106, 116
Reifen ... 91
Rohstoffe ... 76, 94, 113, 119
Russland ...13, 39, 56, 75
Sahara ... 54
Sauerstoff ... 26-29, 33, 41, 44, 69
Schiffsverkehr ... 35-36, 46
Seidenstraße ... 77
Schnellladung ... 84, 104
Serieller Hybrid ... 95, 101 ff.
Seltene Erden ... 119
Sicherheit ... 35-37
Silizium ... 48-50
Smartphone ... 111-112
Solarenergie ... 53 ff., 63 ff.

Solarpanele ... 48, 51, 55, 118
Solartechnologie ... 50 ff.
Solarzellen ... 50 ff.
Sonnenenergie ... 8-9, 29, 47-49, 54, 56, 58, 79, 107, 113
Sozialdemokratie ... 88
SpaceX ... 87
Subventionen ... 38, 50-51, 83, 89, 99, 103
Synthetische Kraftstoffe ... 93 ff.
Syrische Wüste ... 55
Tanken, Tankstellen ... 35-37, 47, 104-105
Tankschiffe ... 31, 35
Terrorismus ... 74
Tesla ... 83-86, 88, 97-98, 105-110
Thermobehälter ... 31, 35
Transport ... 30-31, 34-36, 38, 41, 45, 47, 54, 57, 60, 81
Überbevölkerung ... 119
Umweltbilanz ... 84
Umweltschäden ... 47, 110, 113
Universum ... 24
Urknall ... 24
USA ... 10, 55, 91
Verbrennungsmotor ... 95-96, 99-102, 105-106, 111, 117
Verbrennerverbot ... 100
Verflüssigung ... 30-31, 33-34, 46,
Verkaufsprämien ... 89, 103
Verkehr ... 37, 76, 81, 88, 94, 99, 108, 111

Verkehrswende ... 81, 111
Victoria-Wüste ... 55
Volkswagen (VW) ... 86, 88
Wärme ... 13-15, 24-25, 27, 29-30, 53-54, 58, 59, 99,
Wärmepumpe ... 14, 59
Wasser ... 26-27, 63-69
Wasserstoff ... 23 ff., 48 ff.
Wasserstoffauto ... 36
Wasserstoffkühlung ... 30-31, 33-35
Wasserstoffmotor ... 46
Wasserstoffspeicherung ... 33-34, 42-43, 46
Wasserstoffstrategie ... 23, 32 ff.
Wasserstoffversprödung ... 32
Weltenergieträger ... 43, 53, 57
Windenergie ... 8, 29, 47-48, 56
Wirkungsgrad ... 29, 45-46, 48-50, 52, 95, 106-107
Wohlstand ... 11, 13, 73, 78, 90, 110, 119, 126
Wüsten ... 47-48, 53 ff., 63 ff., 73, 107

Weitere Informationen zu diesem Buch im Internet

Homepage von Jean Pütz:

https://jean-puetz.net

Seite des Verlages zum vorliegenden Buch:

www.diplomatic-council.org/jeanpuetz

Quellenangaben

[1] https://www.heise.de/news/Wasserstoff-Bund-und-Laender-wollen-Wasserstoff-netz-aufbauen-9189599.html

[2] https://www.heise.de/news/Erdgasbranche-setzt-auf-blauen-tuerkisen-und-gruenen-Wasserstoff-9009019.html

[3] https://de.wikipedia.org/wiki/Im_Anfang_war_der_Wasserstoff

[4] https://www.ruv.de/kfz-versicherung/magazin/trends-der-mobilitaet/methanol-als-kraftstoff-der-zukunft-was-ist-aus-e85-geworden

[5] https://jean-puetz.net/2017-pleite-von-solarworld

[6] https://live-counter.com/autos/

[7] https://www.faz.net/aktuell/wirtschaft/unternehmen/fuer-die-verbliebenen-stellen-gibt-ford-eine-arbeitsplatzgarantie-18678431.html

[8] https://www.globalecho.org/84990/generation-greta-gebt-sofort-die-smartphones-ab/

[9] https://www.zdf.de/nachrichten/heute/smartphones-2040-groesste-klimakiller-100.html

[10] https://jean-puetz.net/klima-rettung-ohne-pardon-die-wasserstoffstrategie-alles-fuer-die-katz